ADOLESCÊNCIA

UM DESAFIO POSSÍVEL

Adolescência. Um desafio possível
Alejandro Schujman

Primeira edição.

Edição: Chloè Polak
Tradução: Fabiana Teixeira Lima
Revisão: Marcela Batista
Design de capa: Cynthia Orensztajn
Diagramação: Cynthia Orensztajn

Catarsis

R. Passadena, 102
Parque Industrial San José
CEP: 06715-864 - Cotia - São Paulo
infobr@catapulta.net
catapulta.net

ISBN 978-65-5551-204-5

Impresso no Brasil em junho de 2025.

Dados Internacionais de Catalogação na Publicação (CIP)
(Câmara Brasileira do Livro, SP, Brasil)

Schujman, Alejandro
Adolescência : um desafio possível / Alejandro Schujman ; [tradução Fabiana Teixeira Lima]. -- 1. ed. -- Cotia, SP : Catapulta, 2025.

Título original: Adolescencia : un desafío posible
ISBN 978-65-5551-204-5

1. Adolescentes - Aspectos psicológicos 2. Adolescentes - Comportamento 3. Adolescentes - Desenvolvimento 4. Conflito interpessoal I. Título.

25-280378 CDD-155.5

Índices para catálogo sistemático:
1. Adolescência : Psicologia 155.5
Cibele Maria Dias - Bibliotecária - CRB-8/9427

Alejandro Schujman

ADOLESCÊNCIA

UM DESAFIO POSSÍVEL

Catarsis

A floresta se incendeia. Os animais correm, voam, sobem em árvores, cada um como pode, fugindo do incêndio.
Toda a floresta foge, menos um de seus habitantes: o beija-flor.
O pequeno vai da lagoa, onde carrega água com seu biquinho, até a boca do fogo, onde a despeja. Vai e vem... da lagoa ao fogo, do fogo à lagoa.
Um macaco que está trepando nas árvores o vê e grita:
"Beija-flor, foge! Você sozinho não vai conseguir!".
O beija-flor despeja a água do bico e responde:
"Eu sei... pelo menos estou fazendo a minha parte".

Quando pensamos na adolescência, quero dizer a você que precisamos, com urgência, com pressa, de um exército de "beija-flores". E quero convidá-lo a fazer parte dele.

CAPÍTULO 1

Adolescência: a série – um alerta para abrir os olhos

O trabalho dos pais é dar ferramentas para que os filhos possam entrar no mundo adulto da melhor forma possível.

A série *Adolescência* me comoveu até a medula.

E celebro o impacto que ela gerou, porque despertou uma consciência que estava adormecida.

Faz muito tempo que me ocupa e me preocupa o fato de estarmos deixando nossos adolescentes sozinhos.

Anos atrás, em um programa de televisão, tive um debate com um deputado que sugeria e defendia o serviço militar obrigatório. Com muito respeito, disse a ele que seria fantástico se o Estado instituísse uma "escola para pais" obrigatória, com o objetivo de oferecer aos adultos ferramentas para acompanhar os filhos no caminho do crescimento.

Hoje, estamos iguais, ou talvez um pouco piores.

A pandemia de covid-19 deixou sérias sequelas na população adolescente em todo o mundo. Transtornos de ansiedade generalizada, depressão juvenil, suicídios em número crescente, dependências, redes sociais invadindo todos os espaços e adultos desconcertados. Um combo difícil e preocupante. Muito preocupante.

A boa notícia é que há muito o que podemos fazer.

E a pergunta que sempre faço é: "Fazemos algo ou continuamos apenas olhando?".

"É preciso uma aldeia para criar uma criança." Stephen Graham (criador e protagonista no papel de Eddie, o pai de Jamie Miller na série *Adolescência*) cita esta frase em uma entrevista: "Talvez sejamos todos responsáveis — governos, professores, pais… — por deixar nossas crianças sozinhas."

A frase que encerra a série talvez seja a sentença mais contundente de um problema que nos convoca mundialmente.

Alerta de spoiler na linha seguinte.

Eddie Miller chora com uma angústia que atravessa a tela. Coloca um ursinho de pelúcia na cama, o cobre e diz: "Desculpe, filho, eu deveria ter feito muito mais".

Nessa frase e nessa cena está conjugada, de forma crua e contundente, uma realidade que venho alertando há décadas em minha atuação profissional. Os jovens flertam com a morte nas festas de formatura, e estamos criando uma geração de inimputáveis, com baixa tolerância à frustração, permitindo o acesso a universos arriscados para nossos filhos, diante de um corpo social de adultos espectadores, resignados a uma realidade que nos atravessa.

É a armadilha do "todos vão", "todos fumam", "todos estão nos aplicativos" desde pequenos.

O pai chorando e pedindo perdão ao filho é uma cena que ficará marcada.

A pergunta é o que podemos fazer — todos e cada um de nós — a partir do nosso lugar, para que essa interrogante seja um alerta antecipado de situações que ainda podemos evitar. A partir de agora, me pergunto: o que podemos fazer de diferente no vínculo com nossos filhos para que nos aconteçam coisas diferentes?

Adolescência não é uma série sobre jovens assassinos. É uma minissérie que aborda a solidão dos adolescentes em um mundo de adultos que não compreendem um universo que é grande demais para eles.

Famílias que, mesmo com amor, naturalizam situações de abandono e solidão, presas na urgência de um cotidiano que as atravessa e no qual, em muitos casos, deixam seus filhos e filhas sozinhos.

Digo mais uma vez: os tempos mudaram, mas a essência continua a mesma.

Os adolescentes de hoje precisam praticamente das mesmas coisas que há 50 anos, porém em um contexto diferente e com as mesmas necessidades.

O mundo digital criou um universo desconhecido para os adultos como corpo social.

Quando eu era pequeno — e com isso não estou dizendo que todo tempo passado foi melhor —, o espaço de intimidade dos adolescentes era uma conversa sussurrada ao telefone fixo com o melhor amigo, um diário íntimo, um encontro de amigos na praça...

Hoje, há tantos espaços fora do alcance do olhar dos adultos que nos assusta.

É muito fácil para um adolescente criar um universo paralelo e fictício onde, aparentemente, tudo vai bem, quando, por dentro, existe um sofrimento na sua forma mais cruel: o sofrimento silencioso, o sofrer sem conseguir pedir ajuda.

Jamie, em sua escola, é vítima de *bullying* e *ciberbullying* relacionados ao fenômeno conhecido como *incel*[1]. O foco não está exatamente aí, porque a mensagem vai por outro caminho.

Há uma cena que me comoveu profundamente: o policial protagonista, que conduz a investigação, tem um diálogo com seu filho (colega de escola de Jamie), que minutos antes o havia alertado sobre todo um universo oculto que precisava ser decifrado para entender a lógica por trás do assassinato. Adam, o filho do policial, sai da escola. O pai o espera no carro e diz: "Não pegue o ônibus, estou te oferecendo uma carona". Eles ficam frente a frente como dois desconhecidos que há muito tempo não se co-

---

1 N. do T.: *Incel*: acrônimo da expressão inglesa *involuntary celibate* (celibatário involuntário).

nectam de verdade. O garoto hesita, deixando evidente o vínculo distante que mantém com o pai. Então o pai faz o que os adultos precisam fazer na relação com os adolescentes, convidá-lo dizendo: "Tenho um tempo livre e quero usá-lo com você".

É nesse momento que o encontro acontece, e o essencial toma o centro da cena.

Quantas vezes temos tempo de qualidade com nossos filhos?

Muito menos que o necessário.

Estamos deixando os adolescentes sozinhos.

A nova tragédia coletiva da nossa era é a solidão dos jovens e a perda de senso comum dos pais. Refiro-me ao silêncio em que vivem muitos de nossos jovens, que se sentem invisíveis diante dos pais. O silêncio não surge porque não querem falar. É uma falsa crença a ideia de que "meu filho não fala, é mudo". Falam quando há pais atentos para escutar o que têm a dizer. E o que têm a nos dizer é que os olhemos nos olhos, que lhes coloquemos limites.

Estamos presos entre dois extremos geracionais: o autoritarismo do passado, quando voavam chinelos e tapas, e a criação hiper-respeitosa atual, que às vezes beira a concessão de liberdade demais sem a estrutura necessária. Essa dicotomia produz uma geração de "pais reféns de filhos tiranos". E eles não são tiranos por maldade, mas sim como um grito desesperado por limites, atenção e proximidade.

Diferentemente do passado, hoje os jovens não estão mais seguros em seus quartos do que as ruas, porque agora as más companhias — as "más influências", como se dizia em outra época — podem chegar pelo celular. Hoje, o mundo inteiro entra no quarto dos jovens por meio das redes sociais e das telas. Coisas acontecem com eles bem diante dos nossos olhos, e precisamos estar atentos para vê-las.

A consequência mais visível é o aumento dos transtornos emocionais, como ansiedade e depressão, que em casos extremos podem levar ao suicídio. O adolescente, por natureza, está em constante busca de identidade e pertencimento. Se não encontra esse espaço de expressão dentro de casa, buscará alternativas que muitas vezes são prejudiciais.

Os jovens criaram uma plataforma de autoexpressão que pode se tornar uma faca de dois gumes. Eles encontram validação por meio de curtidas e seguidores, substituindo o reconhecimento verdadeiro e significativo que deveria vir de suas relações próximas. Isso alimenta um narcisismo superficial que não sustenta a verdadeira autoestima.

Essa situação é compensada e equilibrada com momentos de qualidade no vínculo entre pais e filhos. Por exemplo, com conversas sinceras que abordem temas críticos, como o uso de álcool, substâncias, comportamentos *online* e emoções. Não podemos esperar que nossos filhos compartilhem seus problemas se antes não cultivarmos um espaço de confiança e abertura.

Precisamos ter coragem de abrir a porta do quarto, sentar ao lado e pedir para ver o celular — pelo menos até os quatorze anos. Já sabemos que eles sempre estarão dois ou três aplicativos à nossa frente, e que sempre vão nos escapar. Mas eles precisam saber que estamos ali, atentos, que nos interessa saber o que estão fazendo. É essencial construir um laço de confiança, porque se tentarmos bancar os detetives, decifrar seus códigos, vamos perdê-los. E eles também se perdem. Também não devemos ir para o outro lado e tentar ser amigos. Isso é patético, "cringe", como eles dizem hoje em dia.

Temos que escolher se vamos dedicar horas e horas do vínculo para que nossos filhos mantenham o quarto arrumado e todas as notas acima de 7, ou se vamos focar em impor outro tipo de limites, aqueles que realmente importam agora. E que são urgentes.

Há uma frase muito comum nos dias de hoje, e muito pesada: "Não sei mais o que fazer com você!". A última coisa que devemos fazer é nos aproximar deles com um olhar acusador, julgando-os, tentando descobrir "no que será que você está metido...", porque aí eles vão levantar um muro. A barreira do silêncio.

Na série, vemos professores completamente sobrecarregados, pedindo aos alunos que larguem seus celulares aos gritos e resignados diante da falta de controle. Não conseguem fazer nada.

Temos uma geração de docentes (com muitíssimas exceções) que se mostra impotente. Eles se perguntam o que podem fazer se os pais dos alunos não fazem nada. Os pais, por sua vez, olham para os professores e pensam o mesmo. Por fim, todos colocam a culpa no Estado, que não impõe limites à venda de álcool, ao uso do celular, nem a todos os outros males. E ninguém diz nada. Pois bem, são os filhos dessa sociedade desnorteada.

Precisamos trabalhar por um mundo com menos telas acesas e mais olhares atentos. E educar com o exemplo. Há alguns anos, meu filho escondeu meu celular. Só me devolveu depois que terminamos de jantar. Esses são os sinais de alerta: parar de pensar no urgente e focar no que realmente importa. É mentira que os filhos são nativos digitais — eles não nascem com um tablet no umbigo. Somos nós que damos esses aparelhos para que nos deixem trabalhar ou cozinhar em paz. Vamos assumir a responsabilidade! E quero lhe dizer: se você tem filhos adolescentes e está lendo este livro, peço que assista à série — se ainda não viu —, primeiro você e depois com seus filhos.

Quero lhe deixar palavras de incentivo e ferramentas ao longo de cada capítulo, porque não adianta nada trazer só problemas e nenhuma solução.

O que são os *incels* e o que significa sua regra 80/20?*

O conceito de *incel* é usado para descrever homens que não conseguem estabelecer vínculos sexoafetivos com mulheres e que, em vez de buscar apoio ou ajuda, canalizam essa frustração por meio do ressentimento, da vitimização e, em muitos casos, da misoginia.

No universo *incel*, uma das ideias mais difundidas é a chamada "regra do 80/20". Essa teoria se baseia em uma interpretação distorcida do princípio de Pareto, formulado pelo economista italiano Vilfredo Pareto, que originalmente afirmava que 80% dos resultados vêm de 20% das causas. No contexto *incel*, isso se traduz na **crença de que 80% das mulheres se sentem atraídas apenas por 20% dos homens, o que deixaria a maioria dos homens** "fora do mercado".

O problema dessas ideias não é apenas teórico. Nos últimos anos, vários **atos de violência** estiveram ligados a pessoas que se identificavam com a ideologia *incel*. **A regra do 80/20**, assim como outros postulados dessa subcultura, **alimenta o ódio contra mulheres e promove uma narrativa perigosa** que reduz os vínculos humanos a cifras, estatísticas e ressentimentos.

*El Destape, 8 de abril de 2025.

Onde foi que erramos?

A série *Adolescência* não é a história de um garotinho de 13 anos psicopata integrado e assassino. É muito mais do que isso. *Adolescência* fala do silêncio e da solidão dos jovens e do desconcerto dos adultos. Fala de um corpo social que observa a vida dos jovens como espectador, como se nada pudesse fazer.

Adolescência nos mostra uma família comum, que poderia ser a minha, a sua, a de qualquer um. Uma mãe superprotetora, um pai trabalhador, talvez um pouco rústico, um filho de 13 anos, uma filha mais velha e uma história de sofrimento e morte que nos interpela, que nos obriga a abrir os olhos.

Adolescência é a gota que transbordou o copo em uma problemática que já percorre o mundo há mais de 30 anos. Refiro-me à vulnerabilidade dos adolescentes em um mundo que os observa sem compreendê-los.

O diálogo final entre os pais de Jamie é um soco no peito.

— Como criamos nossa filha? — pergunta o pai.

— Da mesma forma que o Jamie — responde a mãe.

Muitas vezes, mesmo com amor e presença, podemos não enxergar os sinais. Jamie é a ponta do *iceberg* de um sistema familiar.

Questionar-se, aceitar o desafio, recuperar o senso comum, desligar as telas e acender os olhares e os corações – esse é o desafio.

Inicia-se um debate que espero que dure muito tempo. Desejo que esse impacto provocado pela série, essa consciência que ela despertou, não se dilua com o passar do tempo.

Os filhos não precisam que você se endivide para comprar tênis caros ou videogames de última geração. Eles precisam de adultos firmes e amorosos, dispostos a entender o mundo em que estão crescendo. E este livro, escrito com base em minha experiência de 38 anos como terapeuta e 31 como pai, tem essa intenção: ajudar e contribuir para a tomada de consciência, para que nossos jovens encontrem a companhia de que precisam.

Eles precisam de você, precisam de nós.

É difícil, urgente, mas não impossível.

Estamos terceirizando a criação dos filhos

Observamos como espectadores o que acontece com nossos filhos.

As telas, os costumes e os males da nossa época parecem ser os culpados.

Honoré de Balzac dizia: "A resignação é um suicídio cotidiano".

Para ilustrar, um exemplo.

Há alguns anos, uma mãe me procurou para uma consulta por causa de sua filha de 6 anos, e eu expliquei que a primeira entrevista é sempre com os adultos. O pai não estava disponível, então marquei com ela para o começo da tarde. A campainha tocou, abri a porta e a mulher, de mãos dadas com a filha, esticou o braço, me entregando a criança.

— Boa tarde, deixo minha filha em suas mãos — disse sorrindo.

— De jeito nenhum, entrem as duas — respondi atônito.

A menina ficou esperando fora do consultório, enquanto a mãe se sentava.

— É impossível eu tomar sua filha em minhas mãos. Se quiser, posso ajudar você a entender o que aconteceu para que ela tenha saído das suas — comentei.

A mãe ficou roxa. Achei que fosse se levantar e ir embora, mas aguentou resignada.

Nunca mais vi a filha, e a mãe foi minha paciente por um tempo, até conseguir reencontrar o vínculo e retomar seu papel dentro da dinâmica familiar. No fim das contas, eu a ajudei até que a pequena voltou a estar nas mãos dela.

"Sejamos casa enquanto eles são pequenos, depois tudo fica muito mais fácil", diz minha querida Maritchu Seitún.

Nos últimos tempos, nesta geração de pais e mães amorosamente brandos, a delegação e terceirização das funções essenciais da criação estão na ordem do dia.

Quem sofre?

As crianças.

Se eu, com meus quase 60 anos, não cuidar da minha saúde (exames anuais, alimentação saudável, atividade física) adequadamente, eu mesmo me prejudico.

No entanto, se quando os filhos são pequenos queremos deixar em mãos alheias as nossas responsabilidades mais preciosas e valiosas, então estamos prejudicando diretamente aqueles que mais devemos cuidar.

A desorientação dos adultos, ultimamente, só aumenta. Nas mãos de profissionais de saúde, nas mãos de instituições educacionais...

Delegamos a criação dos nossos filhos quando colocamos em outras mãos o poder que acreditamos não ter.

E destaco o "acreditamos".

"Você vai ver quando eu contar para a sua dentista que você não escovou os dentes."; "Seu pediatra vai ficar triste quando eu disser que você não toma café da manhã.". Laura, minha esposa, que foi comissária de bordo em uma companhia aérea, me contava que, enquanto conferia os cintos dos passageiros, ouvia mães e pais ameaçando seus filhos que não queriam colocar o cinto, dizendo: "Lá vem a aeromoça, ela vai dar uma bronca em você!".

E a lista continua.

A sensação é de desamparo, essa é a palavra exata que nossos filhos experimentam quando nos percebem tão frágeis e inseguros, recorrendo a terceiros que legitimam o que dizemos (como se isso, por si só, não tivesse peso).

Eles se sentem do jeito que nós nos sentiríamos se estivéssemos em um avião e, no meio do voo, o piloto abrisse a porta da cabine para nos dizer:

"Quero contar que estou tendo um ataque de pânico. Alguém sabe como pilotar este aparelho?".

É assim como eles se sentem, frágeis e inseguros, ao nos ver nessa posição de delegação.

Uma mãe me contou há muito tempo que, quando o filho "se comportava mal", eles iam juntos à delegacia, ameaçando que os policiais iam repreendê-lo.

Lógico que, com o tempo, o menino desenvolveu uma forte fobia das forças policiais, que, nas palavras da mãe, eram o bicho-papão.

A tecnologia também faz sua parte: entregamos telas desde muito cedo e esperamos que, na adolescência, façam um uso responsável delas.

No meu segundo livro, falo sobre a tirania dos filhos.

Quando se colocam nessa posição, não estão fazendo outra coisa senão pedindo limites.

Desde a relutância em estudar, passando por relacionamentos arriscados, até transtornos alimentares.

Eles nos pedem, do jeito que podem, que ocupemos o lugar que devemos ocupar.

O lugar de pais, não de pares.

Uma consequência dessa tirania e inversão de autoridade e de poder é que, nas escolas e em outros espaços nos quais os filhos participam, as famílias restringem a capacidade e a influência de professores, treinadores e adultos de referência.

Pais que ofendem professores porque estes impõem limites que eles nem sonham colocar, que exigem boletins com notas benevolentes para essa geração, que tem um limiar de frustração baixíssimo ou quase nulo.

"No meu filho, ninguém manda", dizem com suas atitudes. "Se nem eu consigo... você é que vai conseguir?", desafiam sem saber nem querer.

Enquanto isso, em palestras e conversas, os jovens dizem se sentir sozinhos em relação aos adultos. Isso aperta meu coração de pai e me convoca como profissional.

Não podemos delegar o que é indelegável, não podemos.

Quando terceirizamos o cuidado e os limites dos nossos filhos, estamos perdendo a oportunidade de nos vincular com eles e de aprender a ser pais. As crianças sofrem com nossa falta de clareza e constroem vínculos confusos e disfuncionais, porque não sabem como se relacionar, já que, quando mais precisaram (ou precisam), os pais buscam a solução mágica em terceiros.

Ser pai ou mãe é acompanhar nossos filhos no voo, estar com eles nas quedas e nos responsabilizar, porque eles são nossa responsabilidade.

"Cada um no seu quadrado..."

Mas se estamos falando das nossas crianças, então não.

Vou repetir muitas vezes ao longo destas páginas: os jovens dão sinais.

Olhar como se não fosse conosco é delegar o que há de mais valioso e o que mais amamos. É deixar o nosso tesouro mais precioso nas mãos dos piratas; e mesmo que não o roubem, é deixá-lo esquecido. Assumamos o leme deste navio: são os seus filhos, os meus, os nossos adolescentes.

Características da adolescência

Arminda Aberastury e Mauricio Knobel, no livro *Adolescência normal: Um enfoque psicanalítico*, descrevem algumas características da adolescência considerada normal, manifestações transitórias esperadas nesta etapa (e não necessariamente patológicas).

Eles dizem que podem coexistir:

1. Instabilidade emocional

Mudanças bruscas e frequentes no estado de ânimo: alegria, euforia, tristeza, irritabilidade, angústia, depressão. É considerado normal que o adolescente oscile rapidamente entre diferentes polos afetivos.

2. Oposição ao negativismo

Atitude de rebeldia e desafio frente a figuras de autoridade (pais, professores, entre outros). Envolve o questionamento de normas, costumes e valores herdados.

3. Atitude antissocial transitória

Comportamentos opositores que podem incluir pequenas transgressões, desobediência, mentiras ou faltas na escola. Isso não implica a existência de uma estrutura antissocial consolidada.

4. Tendência grupal

Busca intensa por pertencimento a grupos de amigos, que exercem a função de sustentação afetiva e social durante o processo de afastamento progressivo da família.

5. Crise religiosa, filosófica ou ideológica

Interesse em refletir sobre o sentido da vida, a existência, Deus, a morte, a justiça social. Às vezes, se manifesta como crise existencial ou como busca de ideais.

6. Desorientação temporal

Vivência peculiar do tempo: postergação, urgências repentinas, dificuldade de se projetar no futuro ou sensação de estar vivendo em um "presente suspenso".

7. Desajuste corporal

Dificuldades para se adaptar às transformações físicas da puberdade. Pode haver desconforto, vergonha, tentativas de ocultá-lo ou exibicionismo.

8. Comportamentos de risco

Busca por situações perigosas ou extremas (consumo de substâncias, velocidade ou esportes radicais) como forma de afirmação do eu e de desafio aos limites impostos.

Aberastury e Knobel esclarecem que essas manifestações emocionais não são patológicas em si, são consideradas normais e esperadas da adolescência. Só se tornam preocupantes quando são excessivamente intensos, prolongados ou comprometem de forma grave o funcionamento cotidiano. Precisamos entender – e vamos aprofundar isso mais adiante – que o mais complicado na adolescência, os sinais de alerta, são os "de repente". Não vou dar um "autospoiler", voltaremos a isso depois.

Ferramentas

Olhe nos olhos dos seus filhos e pergunte-lhes como estão. É importante transmitir segurança e acolhimento, sem julgamentos. Ou seja, não importa tanto se o quarto está arrumado ou se o boletim está acima de 7. Que sua presença seja inteira e sua escuta, ativa.

Claro que esses aspectos não são irrelevantes, mas, se tiver que escolher, prefiro um adolescente com sonhos, esperança, calma e, sobretudo, com um vínculo que sirva de ponte de sustentação e estrutura para enfrentar os desafios da vida.

Haverá dor, frustração, conflitos com outras pessoas, sofrerá por algum amor não correspondido. Em alguns momentos, poderá até se sentir menosprezado, excluído de grupos. Mas também viverá coisas bonitas.

À medida que os jovens vão crescendo e amadurecendo, o trabalho dos pais é delimitar os contornos entre o que é saudável e o que é perigoso, porque mesmo que eles tentem ultrapassá-los, é importante que tenham a clareza sobre "até onde" podem ir.

O trabalho dos filhos é se afastar para crescer, para encontrar a própria identidade, e isso está bem. Nós, os pais, podemos acompanhar sem invadir e sem nos resignar, e devemos (porque eles precisam) mostrar que estamos emocionalmente disponíveis para eles, com um amor incondicional, dispostos a corresponder quando eles necessitem. É preciso trabalhar esse momento, que talvez nos machuque, mas é difícil descrever o bem que isso faz aos nossos filhos.

Trata-se, definitivamente, de recuperar o lugar que nossos filhos precisam que ocupemos. Os adolescentes precisam:

Que compreendamos o mundo deles sem julgamentos, mas sem deixar de impor limites quando houver riscos que ainda não conseguem manejar sozinhos.

Que construamos redes de adultos, para sairmos da armadilha do "todo mundo vai", "todo mundo bebe", a armadilha do absurdo.

Que somemos momentos de qualidade nos vínculos, com tempo de compartilhar, dialogar e desfrutar.

Que sejamos ponto de sustentação e apoio, próximos para cuidar e distantes para não sufocar.

Que não os deixemos sozinhos.

CAPÍTULO 2

Não estamos transmitindo paixão aos jovens

Há muitos anos escutei uma palestra TED que me comoveu. Benjamin Zander, um maestro de orquestra, dizia:

> Por que eu apareço na capa dos meus discos se não emito nenhum som?
> Deve ser porque o meu trabalho é fazer com que os músicos deem o melhor de si. Como eu faço isso? Eu os olho nos olhos; se os olhos dos meus músicos brilham, é porque estou fazendo as coisas bem; se isso não acontece, então preciso me perguntar quem sou eu que não tenho um mundo de olhos brilhantes ao meu redor...

E a ideia de um mundo de olhos brilhantes se tornou essencial para mim. Então, vamos somar forças para um mundo de olhos brilhantes. Quando pergunto em minhas palestras. "O que é ser criança?", os jovens respondem:

- Brincar
- Divertir-se
- Hakuna Matata
- Felicidade
- Inocência

Quando, no entanto, a pergunta é: "E ser adulto?".

Após um silêncio incômodo, eles dizem:

- Estresse
- Problemas de relacionamento
- O dinheiro não é suficiente
- Falta de tempo para os amigos

Não estamos mostrando que a vida adulta seja algo interessante para viver. Não estamos mostrando que a paixão seja um valor. Galeano sempre mencionava uma frase dita por Fernando Birri: "A utopia está no horizonte. Caminho dez passos, ela se afasta dez passos; se caminho vinte passos, ela se afasta vinte passos mais. Para que serve a utopia? Para isso, para caminhar."

O que todos queremos para nossos filhos, nas palavras de Sebastián Monk:

> Para eles, o lado quentinho da cama no inverno, o lado fresco do travesseiro no verão. Para eles, começar a primeira página do caderno; para mim, o despertador tocando bem cedo. [...] As espinhas do peixe engasgadas, as distensões, as fraturas, os foras, a febre, as tosses, os chutes, o mau humor, as respostas humilhantes, as dores de dente, o terrível, a inação, as contraturas no pescoço.
> Quando se trata dos meus filhos, se for possível, que tudo doa em mim em vez deles.

Uma noite escrevi uma carta para meus filhos e a compartilho com você:

> O que eu menos quero é que você sofra...
> Eu lhe daria o melhor que tenho, e o que não tenho também.
> Taparia o sol com a mão, guardaria todos os melhores momentos só para você.
> Levaria comigo todas as dores e sofrimentos, para que fossem cobrados de mim.
> Que você seja feliz, que seja muito feliz. Mas não... não posso. Suas dores terão que doer em você, seus machucados terão que cicatrizar no seu corpo, não no meu. Não funciona assim; se não lhe ensino a sofrer, não lhe ensino a viver.
> E me dá uma raiva... porque eu juro, meu filho, se você sofre, eu

> sofro também, mas é assim essa história. Talvez a parte mais difícil de ser pai seja esta, deixar que o que tiver que lhe acontecer, você resolva; que o que tiver que doer, faça parte da sua vida. A teoria eu conheço bem, viu. Mas como é difícil...!
> Quanto menor você é, mais temos que proteger. Depois, aos poucos, bem aos pouquinhos, precisamos soltá-lo. Deixar que você faça sozinho. E se você errar, aprende. Se cair, se levanta. Se se machucar, o galo logo vai sarar. Estou falando de pequenos tombos, você entende, não é? Melhor alguns arranhões de criança do que fraturas expostas quando adulto.
> Se você chorar, eu o abraço, dou-lhe aconchego, mas a dor é sua. Não pode ser minha. Não posso lhe dar, filho, tudo o que eu gostaria, porque algo precisa faltar, e será você quem terá que prover. Se nada faltar, você não cresce, não sai mais do meu lado, e eu quero que você voe.

Os pais têm que lidar com essa maldita ambivalência. Por um lado, se nos perguntam, diremos que queremos vê-los crescer, independentes, firmes, adultos, tentando a maravilha de ser felizes. Mas é difícil... porque os vemos pequenos, muitas vezes bem menores do que realmente são. E eles crescem tão rápido... Mas há algo fundamental que precisamos lembrar: os filhos precisam de nós de um jeito quando são pequenos, e de outro quando crescem. Quando pequenos, os seres humanos são a espécie mais indefesa de todas. O grau de vulnerabilidade é tal que, se ninguém cuidar de nós, simplesmente morremos.

E precisamos não somente de cuidado e comida, mas também de amor em todas as suas formas. Contato, abraços, olhares, escuta. Mas quando nossos filhos crescem – e é saudável que isso aconteça –, o que é interessante começa a estar fora da órbita dos pais. Somos nós, os pais, que devemos auxiliar nesse crescimento e nos posicionar exatamente nesse equilíbrio entre deixá-los ir e acompanhá-los.

Eu, como pai, desejaria para meus filhos – como dizia o querido Sebastián Monk em seu poema — o mate com leite do meu avô, as torradas com manteiga e geleia, os sanduíches de pão de fôrma com presunto e alface. O cheiro de jasmim da varanda, as calças rasgadas nos joelhos e o chão que arranhava quando eu me sentava no chão. A campainha abafada do meu vizinho, o perfume do motorista do ônibus, os sons dos cachorros brincando de manhã, as chaves do meu pai chegando do escritório ao cair da tarde... Sensações, cheiros, sabores da infância, de ontem, de hoje e de sempre. Marcas profundas que nos constroem, esqueletos dos nossos primeiros anos que servem de alicerce para erguer nossas vidas. Somos essas lembranças – e talvez esta seja uma das coisas mais comoventes de viver.

Nestes tempos de telas acesas e olhares apagados, nós, pais, temos o imenso desafio de oferecer aos nossos filhos a possibilidade de ter experiências mais essenciais, aquelas que vão além dos aparelhos eletrônicos. Sempre conto isto: quando estava escrevendo meu primeiro livro, fiz uma pesquisa com crianças e adolescentes com quem eu compartilhava conversas e o espaço do consultório. Perguntava a eles quais eram as lembranças mais significativas dos primeiros anos de vida. Surpreendentemente, ou talvez nem tanto, as respostas não tinham nada a ver com videogames ou *shoppings*:

> "O primeiro churrasco que fiz com meu pai."
> "Ir visitar meu avô em seu negócio e ajudá-lo a atender as pessoas."
> "A pipa que meu pai me deu naquele aniversário."
> "As mãos da minha mãe coçando minhas costas."

E assim continua a lista de marcos na vida das crianças. Mas, para que esses momentos aconteçam, é necessário que os adultos deixem os ingredientes ao alcance. Se na geladeira só há caixas de hambúrgueres e salsichas, será impossível que eles preparem um bolo caseiro.

Tempo de brincar, de olhar nos olhos, soldadinhos de lata, fantoches que cantem músicas do grupo Palavra Cantada, instrumentos musicais para juntos descobrirmos os sons da vida. Rodas, se for possível, para viajar; ou asas, para voar. Gols para gritar ou abraços para nos consolarmos quando nosso time perde – porque o futebol é coisa de pais e filhos, querido Corinthians.

Vamos mostrar nossas paixões, compartilhar as deles, e deixar a estrada pronta para que a decolagem aconteça aos poucos, com medo – porque não vai ser sem medo que eles vão voar –, mas maravilhoso, porque crescer é assim: simplesmente maravilhoso.

O desafio de despertar a paixão

Nestas últimas décadas, há algo que não estamos fazendo como deveríamos: educar jovens apaixonados. E continuo falando do que nós, adultos, fazemos de errado.

Neste ponto esclareço que meu filho Santi, ao me acompanhar em uma palestra na província de Rio Negro, Argentina, durante o jantar só nós dois, antes de irmos descansar, me disse: "Papai, comigo não funciona nada do que você diz nas suas palestras e livros, não é?". Crueldade e verdade saindo da boca do meu pequeno.

Esclareço isso porque, na teoria, é uma coisa, mas na prática, sem dúvida, é outra.

A geração “tô com preguiça”

“Levante a mão quem tem uma padaria a meia quadra ou menos de casa...”

No contexto das palestras com adolescentes sempre faço essa pergunta, olho nos olhos de quem levanta a mão, brinco que sou vidente e proponho:

> Vamos supor que seu pai ou sua mãe peçam a você:
> — Duda, você pode comprar pão?
> Você está na cama, com o celular e uma garrafa de água porque está calor, e responde com três palavras:
> — Tô com preguiça.

Os jovens dão risada, a protagonista faz uma cara de “espanto”, e eu explico, para eles, para vocês, é claro, eu não sou vidente. Simplesmente, há quase 40 anos, trabalho todos os dias da minha vida com crianças, adolescentes e famílias.

A partir dos adultos, estamos criando e formando uma geração de adolescentes apáticos, sem vontade, totalmente conectados às telas e com pouquíssima conexão com as próprias emoções. Um foco exagerado nos resultados e uma enorme dificuldade para lidar com os processos. Um dos pontos de conflito mais sérios é que os adolescentes passam dias e noites (embora, na verdade, durmam até o meio da tarde) conectados às telas.

Longe de afirmar que “todo tempo passado foi melhor” – porque também não acredito nisso –, quando eu tinha 14 anos, há apenas 45 anos, não existiam redes sociais nem telas, só telefones fixos, quando estes funcionavam. Então, eu saía para visitar as casas dos meus amigos, tocava a campainha para ver quem podia se juntar para passar o tempo fazendo algo divertido.

Hoje, os meninos e as meninas, mesmo com toda a tecnologia à disposição como um trampolim maravilhoso para facilitar o encontro, acabam vivendo algo curioso: "o excesso do fácil acaba ficando difícil para eles". Passam horas pensando se vão fazer algo, checando se alguém "cede a casa" e, no fim, cada um por si, sozinhos diante das telas. Como no velho ditado "cada um no seu quadrado", eles acabam girando em círculos ao redor da própria dificuldade de concretizar as coisas.

Quando pergunto aos meus pacientes adolescentes: "E aí, como foi o fim de semana? Fizeram algo legal?", muitas vezes a resposta é: "Não combinamos nada, deu preguiça".

Na imensidão das redes sociais, organizar um programa de dois ou três parece pouco para eles. Então, acabam ficando na companhia de seus celulares, muito, mas muito entediados.

Senhoras e senhores, estamos criando e formando a geração do "tô com preguiça".

Escrevi, há alguns anos, sobre o que chamei de "síndrome do álbum completo". Quer que eu explique?

Quando eu era pequeno, colecionava figurinhas e curtia muito essa atividade. Naquela época, sempre havia aquelas figurinhas difíceis, uma ou duas, pelo menos.

Nunca completei um álbum, e mesmo assim guardo as melhores lembranças daquele tempo.

Graças ao fabricante de figurinhas, as crianças de hoje – e isso já acontece há algumas décadas – têm garantido o "serviço de álbum completo". Cada figurinha "difícil" pode ser pedida pelo correio, pelo preço de um pacotinho. Lembro que, alguns anos atrás, numa manhã chuvosa de domingo, eu estava em um parque da minha cidade, com o guarda-chuva na mão, procurando a figurinha do Cristiano Ronaldo na área de *hobbies*, para que meu filho Santiago completasse a coleção da Champions League. Naquele momento, tive uma revelação, uma verdadeira epifania, e percebi que eu estava fazendo tudo errado. Finalmente, voltei para casa sem a figurinha e, apesar da decepção do meu pequeno, esse é o único álbum que ele guarda até hoje.

O fabricante de figurinhas faz o seu trabalho – e muito bem –, o problema é que nós, pais, estamos repetindo o mesmo modelo, que é a "síndrome do álbum completo".

Uma hiperfacilitação que parte dos próprios pais, com base na crença de que "eles já vão ter tempo para sofrer". Então, agora, nada de limites, que não sofram, mas cuidado!

Agindo assim, os incapacitados, tiramos deles a capacidade de se apaixonar, os deixamos sem a ferramenta essencial para adentrar o mundo adulto.

O fácil acaba virando tédio, e no mundo virtual as coisas costumam ser mais simples.

Nas relações interpessoais, não é tão fácil assim.

Olhar nos olhos não é o mesmo que interagir pelas telas.

Os adolescentes argentinos têm uma frase que, além de me causar ternura, é muito precisa: "Você é só teclado". Essa frase se refere a quem se exibe nas redes sociais, mas no contato ao vivo... "amarela".

O essencial é que são nossos filhos, não nasceram de um repolho, são filhos das gerações do conforto. São filhos de pais e mães que respondem rápido e positivamente ao grito de: "Mãe, quero suco!", enquanto eles jogam videogame no quarto com seus computadores *gamers*. Filhos de pais e mães que se sentem culpados porque, além de terem pouco tempo para ficar em casa, ainda vão impor limites, brigar, serem antipáticos?

O que é fácil nem sempre é bom, o que é bom muitas vezes não é fácil.

Contagiemos olhares brilhantes, mostremos que crescer é algo bom e que a paixão e o entusiasmo fazem parte da nossa vida.

"Se eu posso dar tudo o que ele quer, a vida vai se encarregar de ser difícil depois...". Parece até um mantra. Mas a questão é que, se não dificultarmos amorosamente o cotidiano, depois eles não terão recursos para enfrentar os desafios da vida.

Lembremos: esses filhos e filhas que estão sob nossa responsabilidade têm um nível baixíssimo de tolerância à frustração, capacidade de espera zero, e aos 23 anos já querem ser gerentes.

E os responsáveis, não culpados, somos nós, pais e mães.

A boa notícia é que podemos fazer mais do que estamos fazendo, e de um jeito diferente.

Checklist da geração "tô com preguiça":

- Não leem livros, consultam a IA (inteligência artificial).
- Não praticam esporte, jogam FIFA 2025 no videogame.
- Não fazem programas, saídas ou passeios se não forem em grupo. Sair em dupla para tomar algo parece pouco. Acostumados às multidões virtuais, menos de cinco é insuficiente.
- Não andam a pé, andam de Uber.
- Não completam os cadernos na aula, usam fotos do WhatsApp enviadas por quem faz.
- Não estudam ao longo do ano, apostam tudo em dezembro e fevereiro.
- Não reconhecem os erros, a culpa é sempre do resto do mundo.
- Não recalculam nem antecipam as possíveis complicações da vida.

O que eles não sabem é que, na vida, não existem "*checkpoints*" ou pontos de salvamento, mas que o caminho se faz ao caminhar.

Ferramentas para a prevenção

Deixemos que nossos filhos se frustrem.

Permitamos o erro sem intervir diretamente.

Não facilitemos o hiperconforto por meio da anestesia diante da vida.

Incentivemos atividades fora do ambiente escolar que apresentem desafios saudáveis (artísticas, esportivas, recreativas).

Regulemos o uso da tecnologia desde que são pequenos.

Não negociemos nem naturalizemos o consumo de álcool e substâncias psicoativas, que são aliados perfeitos da apatia e da falta de vontade.

Acima de tudo, contagiemos olhares brilhantes, mostremos que crescer é algo bom e que a paixão e o entusiasmo fazem parte da nossa vida.

Eduquemos a paixão, eduquemos os sonhos, não a apatia.

Eduquemos o esforço, porque sem ele muitas coisas serão muito difíceis de alcançar.

Eduquemos meninos e meninas que não tenham problema em ir comprar o pão, e mais: vamos amassar pão com eles, para que entendam que muitas coisas boas são resultado de um processo e do esforço pessoal.

Para que eles saibam que o pão quentinho que têm na mesa é resultado de uma preparação cuidadosa e, além disso, fruto do trabalho de quem o comprou.

Não entreguemos a vida servida em uma bandeja, porque então vai "dar preguiça" sair para lutar por seus ideais e terão uma vida triste.

Os jovens dessas gerações têm a paixão intacta, escondida, pronta para encarar a vida assim que os adultos lhes mostrem o caminho.

Nossa tarefa é deixar sinais para que entrem no mundo adulto, e os sinais que estamos deixando são poltronas confortáveis para que esperem a vida servida em uma bandeja.

E isso não funciona, porque tiramos deles a liberdade e acabam presos nas limitações que nós mesmos os ajudamos a construir.

Vamos mudar as regras do jogo, formar redes de pais que se unam para oferecer aos nossos jovens o que eles realmente precisam. Podemos fazer isso, devemos fazer isso.

Como sempre digo, mais uma vez: difícil, mas não impossível!

Essa geração de jovens é filha da geração de pais amorosamente brandos, que deixaram cair algo pelo caminho.

E, no caminho do crescimento, os filhos precisam de pais e mães.

Adultos amorosamente firmes.

O limite não é castigo nem penitência. O limite é amor.

Dentro dos limites do campo de jogo, vale tudo. Fora deles, nada, porque há linhas de cal que indicam até onde os jogadores podem ir.

Ninguém diria: "Que crueldade a de quem inventou o futebol, ao determinar medidas para o campo.".

Da mesma forma, o limite é o que define o território sobre o qual se pode falar.

Devemos ensinar aos nossos filhos, como um legado essencial, que tudo o que fazemos, absolutamente tudo, tem consequências.

Se incomodarmos um colega de classe, essa criança vai sofrer, e esse sofrimento não será em vão para ela. O que acontece com ela hoje deixará cicatrizes no futuro. Se tomarmos muito leite, nossa barriga dói. Se comermos todo o pacote de balas, nossa barriga vai doer muito. Se jogarmos um carrinho com muita força no chão, provavelmente ele vai quebrar. Se arrancarmos o braço da boneca, teremos uma boneca com um braço a menos. Se não organizarmos nossos brinquedos, o quarto vai ficar todo bagunçado, a não ser que a mamãe ou o papai se dediquem a arrumar o que deixamos jogado por aí. Se não formarmos fila no jardim de infância, vamos atrasar todos os nossos coleguinhas. Se não ligarmos para o que a professora diz, não conseguiremos aprender o que querem nos ensinar. Se não tomarmos banho, vamos ficar com mau cheiro e sujeiras de diversas origens. Se não estudarmos durante o ano, ficaremos de recuperação durante as férias escolares. Se nunca arrumarmos nosso quarto, um dia vamos procurar algo e não conseguiremos encontrar. Se, já adultos, consumirmos muito álcool, corremos o risco de entrar em coma alcoólico. Se experimentarmos substâncias perigosas, é muito provável que acabemos nos tornando dependentes delas. Se tivermos relações sexuais sem proteção, podemos contrair alguma infecção sexualmente transmissível ou ter um filho muito antes do planejado.

Se agredirmos alguém, podemos machucá-lo. Se ferirmos nosso corpo, o dano pode ser irreversível. Se maltratarmos uma pessoa, podemos causar um sofrimento que talvez não consigamos reparar com um pedido de desculpas.

Tudo, absolutamente tudo o que fazemos, tem suas consequências. Quando ajudamos alguém a atravessar a rua, estamos lhe fazendo um carinho, somos simpáticos, amáveis. Isso leva à formação de uma corrente de favores.

A roda gira para um lado ou para o outro, dependendo do que fazemos neste universo que habitamos.

Na criação dos filhos, nós, pais, passamos a maior parte do tempo pensando em qual castigo devemos aplicar quando eles não cumprem com nossas ordens ou com seus deveres.

E a minha proposta é que, em vez disso, pensemos melhor em quais consequências naturais, encadeadas de forma lógica e baseadas no bom senso, nossos filhos e filhas terão em função daquilo que deixaram de fazer.

CAPÍTULO 3

Chihuahuas disfarçados de *rottweilers*

Os filhos crescem — e como isso é difícil!

— Gabriel, hoje vamos almoçar na casa dos tios!

— Oba, que legal! Eu adoro a comida da tia! Iupiiii!

Gabriel tem 5 anos e passa muito bem com os pais. Além disso, a tia faz as melhores panquecas do mundo.

— Gabriel, no domingo vamos ao teatro com o Enzo e a mamãe.

— Siiiiim, oba, oba! A gente pode comprar pipoca para comer lá?

Para Gabriel, ir ao teatro com a família e os amigos é um programão.

— Gabriel, o papai disse para você se apressar, que ele já está vindo buscar você para ir ao estádio.

— Tá bom, já vou me vestir.

Gabriel tem 11 anos, e um dos momentos mais mágicos é torcer pelo seu time na arquibancada, com o pai ao lado.

— Gabriel, no fim de semana vamos com a mamãe para o sítio, topa ir? Pode chamar um amigo, se quiser.

— Não, pai, valeu, vou ficar por aqui mesmo. Vou combinar algo com os meus amigos, pode ser em casa?

Gabriel já cresceu, tem 15 anos, e o que é interessante começa a acontecer fora da órbita do pai e da mãe.

Lembremos de algo essencial: o caminho saudável do crescimento é aquele que vai de dentro para fora da família.

Nos primeiros anos de vida, quando as coisas estão equilibradas dentro do ambiente familiar, os passeios e programas com a família – pais, tios e avós – são necessários, esperados e alguns dos momentos mais prazerosos que uma criança pode viver.

Ir ao cinema, brincar na praça... tudo é maravilhoso.

À medida que crescem, de forma saudável, o que é interessante começa a acontecer fora do círculo familiar.

Os amigos, os primeiros amores, o despertar para novos mundos, ir sozinhos para a escola, voltar, as primeiras saídas quando já está escuro e é de noite, o primeiro beijo, ir ao cinema sem adultos, e por aí vai.

As férias com os pais são incríveis... até que surge a possibilidade de passá-las com os amigos.

Há um ano, meu filho Santi, diante da minha proposta de uma viagem (na minha opinião) muito interessante, me respondeu, sério e preocupado pela minha reação:

"Não fica bravo, mas este ano eu vou com o pessoal para a praia e depois quero ficar por aqui."

E eu entendi. Não fiquei bravo, embora tenha ficado triste pelo meu desejo de viajar com ele... Mas ele está crescendo, as asas já batem forte, e é assim a vida.

O desafio para nós, pais, é entender que isso não tem a ver conosco; ou melhor, até tem, mas de um outro jeito.

Compartilho o caso de um paciente que, na época, tinha 16 anos. Estava passando por um momento muito difícil: uso de maconha, uma péssima relação com os pais, notas muito baixas na escola, dificuldades de fazer amizades... Era um adolescente em situação de risco.

Ele não queria, de jeito nenhum, iniciar um processo terapêutico, mas não havia mais tempo a perder. Seus pais e eu estávamos de acordo, e eu o recebi no consultório, apesar da má vontade da parte dele.

Veio em um dia de bastante calor, usando um moletom com capuz. Cobriu o rosto e deixou claro que não pretendia colaborar com o espaço terapêutico, que estava ali contra a própria vontade. Foram cinco ou seis sessões nas quais eu apenas lhe dizia que estávamos perdendo tempo e seus pais, dinheiro, mas que eu não largaria sua mão, porque estava ali para ajudá-lo.

Mantive o espaço, até que um dia, num daqueles momentos mágicos, ele abaixou o capuz e, muito irritado, me disse: "Me diz, o que você quer que eu conte?".

Trabalhamos juntos por um tempo – o tempo necessário – e, por fim, ele conseguiu resolver o que precisava ser resolvido.

Dez anos depois, ele me ligou por conta própria, pedindo ajuda para lidar com um conflito com a namorada. Esse rapaz é um belo exemplo de que, na adolescência, eles são chihuahuas disfarçados de *rottweilers*. Só precisam de adultos dispostos a sustentar a tensão, sem medo, sem raiva, com amor e compromisso.

Em outra ocasião, enquanto dava uma palestra no interior da Argentina, na primeira fila, havia uma garota (soube depois que tinha 17 anos) que estava de braços cruzados, com uma expressão de desagrado e um olhar hostil. Em determinado momento, perguntei quem, entre os pais e mães presentes, sentia medo de impor limites nos filhos. A mãe dessa adolescente levantou a mão e disse: "Eu tenho muito medo, porque toda vez que coloco um limite, ela ameaça se machucar.".

Ao final da atividade, propus um exercício que consistia em olhar nos olhos de quem estivesse ao lado e dizer algo que estivessem sentindo.

Essa mãe e essa filha se olharam com um amor profundo e, no momento de colocar em palavras, a filha disse: "Sinto amor e admiração por você.". A mãe desabou em lágrimas, e a filha também. E confesso que aquilo me emocionou profundamente.

Essa filha precisava que a mãe a olhasse nos olhos para conseguir sair do papel de "*rottweiler*". No fundo, ela não era nada mais do que uma filhotinha doce, que ainda precisava de uma mãe que a acolhesse e lhe mostrasse os limites para poder entrar no mundo adulto da melhor forma possível.

Paula, a protagonista do maravilhoso filme francês *A família Bélier*, diz à mãe, durante uma discussão provocada por sua decisão de sair de casa: "Você acha que estou indo embora porque foram os piores pais que eu poderia ter tido. Pelo contrário, estou indo porque vocês foram os melhores que eu poderia ter, porque me deram tudo o que eu precisava para poder voar...".

Maravilhoso, e é exatamente isso.

O lugar que ocupamos como pais vai mudando à medida que eles crescem, e isso não tem nada a ver com amor.

Ou talvez sim, porque nos amam, e nós os amamos. Só precisamos aprender a administrar essa relação de formas diferentes. O que antes parecia maravilhoso nas nossas "habilidades e virtudes", hoje os assusta.

Um paciente me contou que sua filha esperava todas as noites que ele pegasse o violão e cantasse para ela se sentar ao seu lado. Hoje, a garota tem 16 anos e, quando o pai tira o instrumento da capa, ela vai quietinha para o quarto.

Outros tempos, outros interesses, o mesmo amor.

Entender isso pode fazer toda a diferença entre uma relação harmoniosa com nossos filhos adolescentes ou um martírio insustentável de angústias e tensões mal controladas.

A distância saudável para crescer

Como saber qual é a distância ideal para que nossos filhos possam crescer?

Um dos principais conflitos que os jovens enfrentam nas últimas décadas está na troca de papéis. Há cerca de vinte anos – ou talvez um pouco mais – nós, pais, começamos a misturar o que é ser pais e o que é ser pares. E essa é uma péssima notícia para nossos filhos, pois eles precisam de nós como pais.

A chave para recuperar isso está em nossas mãos, mas parecemos não saber onde a deixamos.

A relação entre pais e filhos é, por natureza, assimétrica. Não somos cúmplices, não somos amigos. Se não mantivermos uma distância prudente e amorosa, nossos filhos não conseguem crescer, porque não damos a eles a chance de se separar, já que deixamos de ser pais e mães para sermos apenas pares.

O papel dos pais é dar e o dos filhos, receber. E quando falo em dar, não me refiro a suprir apenas as urgências materiais ou os tempos líquidos, mas sim a oferecer amor, experiências, exemplos, valores e ferramentas.

Quando começam a dar os primeiros passos rumo ao mundo adulto, no início da adolescência, os filhos enfrentam uma tarefa dupla, talvez uma das mais complexas dessa fase: deverão se apropriar de toda a bagagem recebida nos primeiros anos de vida, ao mesmo tempo que derrubam as figuras idealizadas na infância.

Eles entram na adolescência montados numa postura desafiadora e saudável.

Na psicanálise, falava-se simbolicamente, é claro, em "matar o pai". Por isso eu digo: a adolescência não é uma doença. De forma alguma. É uma travessia da infância para o mundo adulto. Uma travessia complexa, muitas vezes vertiginosa, com curvas perigosas, descidas íngremes, um caminho acidentado, sim.

Repleto de lugares desconhecidos que, como tudo o que é desconhecido, assustam – e muito.

Os adolescentes não são apáticos, não são calados, não estão fechados em si mesmos. Eles falam com quem querem, na hora que querem.

Não é do jeito que nós, adultos, gostaríamos, pois eles têm o próprio jeito.

As roupas de adulto ainda ficam largas, e as de criança já estão pequenas demais.

E precisam, amorosamente, pisar sobre nossas cabeças para crescer. Precisam se diferenciar, encontrar a própria identidade. E a nossa tarefa (como adultos emocionalmente maduros) é permitir que assim seja.

A adolescência é sobre ir regulando intensidades emocionais, equalizando a vida, nem mais nem menos.

É descobrir, é buscar o limite, desafiá-lo.

É questionar os emblemas aos quais as crianças se agarram para crescer.

É derrubar os pais para depois voltar a estar junto com eles de outra forma.

E, como toda travessia, pode ser uma viagem linda ou cheia de turbulências.

Mais uma vez, depende do piloto.

E onde está o piloto?

Adivinha?

Os pilotos são, é claro, os pais.

Quero dizer: somos o piloto quando damos sinais claros para a navegação, quando conseguimos ser também a torre de controle e, ao mesmo tempo, permitimos que eles decolem, ganhem altura e se aventurem.

Outra imagem que gosto muito como metáfora nesse ponto é a do farol.

O farol ilumina, orienta barcos e embarcações, especialmente nos dias de pouca visibilidade ou em condições adversas. É um lugar seguro, terra firme. Os barcos se afastam; mas, se perderem o rumo em meio à tempestade, basta procurar a luz do farol para saber para onde voltar.

Se permitirmos a autonomia indispensável sem deixar de restringir os riscos que ameaçam a integridade da nave, ou seja, deles mesmos, se fizermos tudo isso medianamente bem, a passagem pela adolescência pode ser mágica.

Que nós, adultos, possamos entender isso.

Mais uma vez eu digo: precisamos estar perto o suficiente para cuidar, e longe para não sufocar.

Se abrirmos espaço na medida certa para que experimentem, se permitirmos que sofram e aprendam a lidar com suas emoções, então tudo se torna possível.

Repito, cada vez mais preocupado: os jovens dizem se sentir muito sozinhos em relação aos adultos. Eles pedem por pais. Simples, direto e terrível. Pais que estejam presentes de corpo e coração. Pais que não negociem o inegociável, que coloquem limites, que mostrem o caminho.

São eles que dizem e pedem.

Educamos pelo medo ou pelo respeito?

Sempre te evitei, trancando-me no meu quarto, com livros, com amigos excêntricos e ideias exageradas.

Franz Kafka, *Carta ao pai*

> Minha filha chorava baixinho porque eu dava bronca e não a deixava fazer o que queria, que era sair para brincar no pátio, mas já era hora do jantar e fazia frio.
> Chorava com aquele choro queixoso, e eu, cansada de ouvi-la, disse: "Chega, agora quando o papai chegar, pergunta para ele."
> Ela desabou num choro alto, desesperado, e me disse:
> "Não, para o papai, não... eu tenho muito medo dele."
> Parei o que estava fazendo, abracei minha filha e pensei:
> Estamos fazendo tudo errado.
> Ou quase tudo...

Com base em que estamos educando nossos filhos?

Em um extremo, os pais e as mães "descolados", que acabam perdendo aquele papel fundamental de que os adolescentes precisam.

Filhos desamparados, sem a contenção nem os limites necessários.

Adultos amorosamente brandos.

No outro extremo, e é sobre isso que quero falar aqui, pais que assustam, que educam com base no medo.

E o medo não educa, o medo paralisa.

O medo não acompanha, o medo invade os sentidos e cria crianças tristes, inseguras e com amor-próprio pequeno, muito pequeno.

Que difícil é o equilíbrio, claro que é difícil...

Mas... e se tentarmos?

Desde que o mundo é mundo, pais, mães e adultos afetuosos têm a tarefa de educar os filhos e dar a eles ferramentas para entrar no mundo do crescimento.

Podemos fazer isso com firmeza amorosa, dando a eles ferramentas para a autonomia, a responsabilidade e a capacidade de decisão.

Podemos fazer as coisas bem. Podemos fazer as coisas mal.

Os adultos precisam saber que tudo na vida tem consequências, e que as emoções da primeira infância são as que marcam o caminho.

Podemos corrigir e reparar, mas não é simples.

Educar pelo medo: causas e consequências. Pais autoritários

> Ele não percebe, toda vez que ele grita ela treme, não há jeito de que ele mude.
> O pai dele foi violento e ele repete a história.
> Eu tento interceder e contê-lo, é muito difícil, muitas vezes terminamos discutindo na frente da menina.
> Não sei mais o que fazer.

Um clássico, um triste clássico em que todos sofrem; as crianças, como principais vítimas da situação, porque são crianças.

Porque não têm recursos para lidar com o medo que sentem quando aqueles que deveriam acalmar lhes causam susto.

A conta não fecha, não é?

Claro que não…

O medo, como base do aprendizado, é perigoso.

Quando são pequenos, riscos pequenos (e não falo do dano psíquico, que é enorme nos pequenininhos).

Quando são maiores, riscos maiores.

Pedir permissão, para um filho, implica enfrentar a possibilidade de ouvir um não; um risco necessário e lógico.

Este é o custo a ser assumido.

Educar pela rivalidade. Pais que competem

Os filhos nunca são rivais dos pais. Eles não vêm para tirar nosso lugar, nos desafiar ou competir por protagonismo. Chegam a este mundo para aprender conosco, para receber amor, limites saudáveis e ensinamentos que os acompanhem no próprio caminho.

Às vezes, sem querer, os adultos caem em jogos de poder, em comparações ou em uma busca inconsciente de se reafirmar por meio dos filhos. E deixo claro que a paternidade e a maternidade não são um espaço de competição, mas sim de entrega, orientação e acompanhamento.

Os filhos não estão aqui para preencher vazios nem para realizar sonhos alheios. Não devem carregar expectativas que não lhes correspondem, nem se sentir responsáveis pelas frustrações de seus pais.

Eles merecem crescer sabendo que seu lugar está seguro, que podem brilhar sem ofuscar ninguém e que o amor de um pai ou de uma mãe não é condicional nem se mensura em conquistas ou comparações. Só assim poderão se construir com base na segurança emocional e em um vínculo genuíno, livre de competição e cheio de respeito. Porque, no final, os filhos não são rivais: são um legado, são vida e são uma oportunidade de sermos pessoas melhores por meio do olhar deles.

Ferramentas

Até aí tudo bem.
Trata-se de crescer.

Agora, se a figura de apego saudável, confiança e contenção me causa medo como filho, tenho duas opções.

1. Silencio o que quero, sinto e preciso sob o colete do temor e da paralisia que isso gera.

2. Tomo decisões independentemente da permissão e da opinião dos meus pais e faço as coisas sem que nada intervenha.

Um paciente de 15 anos me contou que tinha um encontro na casa de amigos. Seu pai, com quem mantinha uma relação de muito medo, não o teria deixado ir, já que naquela ocasião ele estava com notas baixas na escola.

Então, ele inventou uma situação de estudo na casa de um amigo e foi para a festa escondido dos pais.

Eles acabaram descobrindo a mentira, e a situação serviu para que, no contexto de uma entrevista familiar, o rapazinho pudesse dizer ao pai o que sentia.

Aí começa o princípio da mudança: um espaço de orientação para famílias e terapia para esse pai que, nesse caso, assustava sem saber.

Que nos soltem as rédeas, mas nunca as mãos

Em uma conferência que dei na província de Chubut, Argentina, uma garotinha disse: "Que nos soltem as rédeas, mas nunca as mãos.".

E quando digo que os tempos mudaram, mas que a essência é a mesma, quero dizer que os filhos precisam de nós, mesmo que disfarcem, mesmo que olhem para fora. Isso é saudável, já que o importante acontece no mundo exterior para os adolescentes.

Eles precisam de nós.

Eles precisam de nós amados, respeitados e não temidos.

Eles precisam de nós sem julgá-los.

Eles precisam de nós impondo limites, porque limite é amor e cuidado.

Sem deixá-los sozinhos.

Olhemos nossos filhos nos olhos.

Escutemos suas emoções e sensações.

Peçamos que nos contem como se sentem em relação a nós como pais.

Tenhamos a grandeza de ser apoio e escutar o que tenham a dizer.

Peçamos perdão se os fizemos sentir mal.

Peçamos ajuda profissional se não temos os recursos para fazer uma mudança.

Não nos distraiamos demais, que a vida é longa, mas nem tanto.

Não façamos isso.

E lembremos: o medo não educa, o medo não acrescenta, paralisa, angustia, cria e gera homens e mulheres temerosos ou temerários.

Com amor, tudo.

Com medo, nada.

Pelo que é mais importante, pelos nossos filhos, nem mais nem menos...

CAPÍTULO 4

Amor-próprio e adolescência

Laura Moyano

Quando me convidaram a escrever este livro, propus à Lau Moyano que fosse minha mão direita. Ela não só teve uma contribuição fundamental na construção como também trouxe sua experiência e seu conhecimento para enriquecer os conceitos de "amor-próprio e limites".

Obrigado, Lau, pelo seu tempo, seu amor e seu conhecimento.

Laura Moyano é Counselor (consultora psicológica) com Enfoque Centrado na Pessoa Holística (EHCP Sánchez Bodas e Berneman). Durante 25 anos, voou em uma companhia aérea comercial como instrutora e chefe de cabine de passageiros.

É docente da disciplina Prática Profissional II, na Primeira Escola Argentina de Counseling (PEAC).

Com o doutor Oscar García (Secretaria de Educação Média, Universidade de Buenos Aires-UBA), é cocriadora do Programa de Formação em Habilidades Sociais, destinado a estudantes de 5.º e 6.º ano das escolas ligadas à Universidade de Buenos Aires. Também faz parte do Programa de Formação Docente para as escolas da UBA. Com o licenciado Alejandro Schujman, participou de oficinas e capacitações a professores e alunos na Argentina e outros países de língua espanhola.

Se me pedissem para escolher o fator mais valioso de proteção (apesar de todos serem importantes e fundamentais), escolheria o amor-próprio em todas as dimensões. Mas antes quero compartilhar algo que é muito importante para mim. Sob a perspectiva da psicologia sistêmica, o amor é uma construção que se forma dentro dos vínculos familiares. Aprendemos o amor e a amar observando como sou amado pelos meus pais, como eles se relacionam entre si, como resolvem os conflitos, como o afeto é expresso ou silenciado. É nessa rede de relações que cada um de nós forma uma crença sobre o que significa ser amado e sobre como se deve amar.

Por isso, muitas das repetições, carências e excessos que vivemos em nossas relações adolescentes e adultas fazem eco nas dinâmicas familiares que nos marcaram. Reconhecer essas heranças emocionais não significa estarmos condenados a repeti-las, mas nos dá a possibilidade de transformá-las e de construir formas de amar mais conscientes e escolhidas.

O amor-próprio também se constrói, se educa e se ensina. Não é algo com que nascemos, mas que se forma com base nas experiências, nas palavras que recebemos na infância, nos exemplos que vemos e nas oportunidades que nos damos para nos reconhecer com paixão e respeito.

O amor-próprio também se educa, mostrando aos nossos filhos que, a cada dia, os nutrimos com a aceitação de ser quem somos e com a intenção de nos tornar pessoas melhores a cada dia. Se, como pais, conseguimos nos compreender, aceitar nossas virtudes e não nos julgar, promover hábitos saudáveis e estabelecer limites de forma clara, também ensinaremos nossos filhos a construir amor-próprio.

Há um tempo, num dia de muito calor, estava trabalhando em meu consultório com uma adolescente que me disse:

— Lau, quando visto uma regata, minha mãe me olha e me pergunta se não tenho vergonha dos meus braços.

— O que tem nos seus braços? — perguntei surpresa.

— Ela me disse que são gordos — respondeu.

Tenho muitos desses exemplos, e são muito dolorosos. Nosso olhar e nossas palavras podem construir ou destruir nossos filhos.

A adolescência é uma etapa de grandes mudanças físicas, emocionais, sociais e psicológicas, em que não apenas começam a definir quem são, ou seja, sua identidade, mas também seu lugar no mundo. Esse será o antídoto e a vacina para cuidar do bem-estar emocional deles e construir uma base sólida para grande parte das situações difíceis que nossos filhos poderão vivenciar, quando chegar o momento de entrar no universo dos adultos.

Ninguém disse que não podiam fazer isso

Se nós, adultos, soubéssemos a dimensão do peso do nosso olhar e de nossas palavras sobre as crianças, teríamos cuidado com cada gesto e falaríamos com a delicadeza de quem sabe que está tocando uma alma em construção.

Duas crianças brincam com uma bola em um lago congelado, patinam e são felizes na imensidão da paisagem. De repente, o gelo se rompe e um deles cai nas águas geladas. O amigo grita desesperado pedindo ajuda, mas não há ninguém perto para socorrê-los. Quando finalmente os bombeiros chegam, as crianças estão sãs e salvas, e aquele que resgatou o amigo o envolve com seu agasalho.

Os resgatistas se perguntam surpresos: "Como ele consegui tirar o amigo da água, que pesa o mesmo que ele, com esses bracinhos?".

Um homem que passava por ali sorri e diz: "Não havia ninguém perto para dizer que eles não podiam fazer isso.".

E é disso que se trata o desenvolvimento da autoestima.

Autoestima, autoconhecimento e amor-próprio

É fundamental entender cada conceito para transmiti-lo com clareza. Outro dia me perguntaram se amor-próprio é a mesma coisa que autoestima.

Claro que não.

Eu poderia dizer a você que a autoestima faz parte do autoconhecimento, e este faz parte do amor-próprio. Vou explicar cada um.

O amor-próprio é a aceitação e o apreço que uma pessoa tem por si mesma, incluindo seu físico, sua personalidade, seu caráter e seu comportamento. Poderia dizer que é a capacidade de se reconhecer como uma pessoa valiosa, digna de respeito e cuidado, sem depender exclusivamente da validação externa.

Eleanor Roosevelt diz: "Ninguém pode fazer você se sentir inferior sem seu consentimento.".

No livro *Del amor propio al amor al otro,* a psicóloga e escritora chilena Pilar Sordo destaca que o amor-próprio se baseia em quatro dimensões.

1. Autoconhecimento: consiste em um processo dinâmico de exploração interna para compreender quem somos, nossas emoções, nossos pensamentos e nossos comportamentos.

2. Autoaceitação: consiste em reconhecer e aceitar nossas virtudes e nossos defeitos, nos permitindo ser autênticos sem nos julgar de forma severa.

3. Autocuidado: refere-se à responsabilidade de atender nossas necessidades físicas, emocionais e mentais, promovendo hábitos que favoreçam nosso bem-estar.

4. Autoproteção: é a capacidade de estabelecer limites saudáveis em nossas relações e em diversas situações, nos protegendo do que nos prejudica.

O amor-próprio na adolescência favorece a aceitação pessoal, ou seja, que se aceite tal como é, sem depender da aprovação dos outros. Isso é fundamental porque, nessa etapa, há muita comparação e pressão social.

O amor-próprio atua como um escudo contra as críticas e as rejeições dos pares. Também promove relações saudáveis, já que um adolescente que se ama e se respeita sabe e pode impor limites e escolher relações que o valorizem, evitando vínculos tóxicos ou dependentes.

Favorece a tomada de decisões alinhadas com seu bem-estar, como cuidar do corpo ou se afastar de situações perigosas. Constrói autoestima e confiança, pois o adolescente acredita em suas capacidades para tentar novos desafios sem medo de errar. E, claro, facilita o autoconhecimento.

Autoconhecimento: é a capacidade que uma pessoa tem de se observar, se conhecer e compreender a si mesma.

O autoconhecimento é um processo contínuo e enriquecedor que nos permite tomar melhores decisões, identificar fortalezas e fraquezas, lidar melhor com as emoções e saber o que quero e o que não quero em minha vida. O autoconhecimento é a base de uma boa autoestima. Claro! Como gostar e aceitar aquilo que não conhecemos? Só quando você se conhece é que pode se aceitar, se valorizar e mudar aquilo que não gosta.

A autoestima é a valorização, percepção e julgamento que uma pessoa tem sobre si mesma. É como você se vê (autoimagem), se valoriza e se sente em relação a quem é, suas capacidades, suas conquistas e seu valor como pessoa (virtudes e defeitos). Ela se forma com base nas experiências de vida, no olhar dos outros (aqui interage o olhar da família, dos amigos, da sociedade), nas conquistas e nos fracassos pessoais e na relação consigo mesmo.

Nós, seres humanos, temos a tendência natural de nos desenvolver, crescer e nos tornar nossa melhor versão. No entanto, para que isso aconteça, é fundamental contar com o afeto, o respeito e a aceitação positiva incondicional dos nossos adultos primordiais. Trata-se, nada mais nada menos, da aceitação e da validação do nosso "ser humano" (apenas pelo fato de existir).

Quando não há aceitação positiva incondicional na infância ou na adolescência, pode surgir a crença de que só temos valor se cumprirmos certas expectativas. E isso prejudica a autoestima.

Então, a autoestima, o autoconhecimento e o amor-próprio na adolescência funcionam como uma bússola interna, uma necessidade emocional essencial, que guia os jovens rumo a uma vida mais equilibrada, consciente e autêntica. É tornar-se seu melhor aliado, reconhecer seu valor como pessoa e agir de acordo, cuidando do bem-estar físico, emocional e mental.

Trabalhar o amor-próprio na adolescência não só melhora o presente como também forma adultos mais seguros, livres, responsáveis e emocionalmente equilibrados no futuro.

Nunca esqueça que uma pessoa que ama a si mesma de verdade cuida melhor dos outros e vive sua vida com mais liberdade.

Os limites como forma de amor

Viemos de uma geração em que os limites eram impostos com castigo, com as sobrancelhas franzidas, o dedo indicador levantado e em voz bem alta.

Não restam dúvidas de que estabelecer limites é uma tarefa indispensável para nós, os pais, e também um aprendizado para nossos filhos.

Quando trabalho os "limites", tanto com adultos quanto com adolescentes, começo fazendo uma pergunta: "O que é um limite para você?".

Compartilho aqui algumas das respostas: "uma parede", "que tirem minha liberdade", "castigo", "uma rede que me prende e não me deixa fazer o que quero", "punição", entre outras.

Diante dessas respostas, pergunto: "Você gosta de esportes?" (embora isso possa ser estendido a qualquer atividade que realizamos).

Tanto nos esportes quanto na vida, há regras e limites. Se pensarmos em um campo de futebol, sabemos que ele é delimitado, tem bordas, e o jogo acontece dentro desse limite.

Eu gosto de *snowboard*, e também na montanha há limites que separam o que é seguro do que é perigoso.

Então... E se olharmos por outra perspectiva?

Os limites são cuidado, contorno, guia, prevenção e, às vezes, correção. Em resumo, quando bem utilizados, representam amor.

O limite é um dos fatores que contribuem para o desenvolvimento da frustração e, por consequência, para a construção da resiliência, essa "capacidade humana universal de enfrentar as adversidades da vida, superá-las e sair fortalecidos e até mesmo transformados" (Grotberg, 1995).

Há três aspectos fundamentais dos limites:

Eles ajudam a formar a identidade pessoal, pois algo se define pelo que é e também pelo que não é. Saber o que penso, sinto e quero ou desejo, e o que não, define quem somos para nós mesmos e para os outros, especialmente para os pais.

Os limites ajudam a alcançar maturidade psicológica, já que ensinam a tolerar a frustração. Na vida acontecem experiências que nos limitam, a vida muitas vezes nos diz "não" e, se não conseguirmos lidar com o que sentimos em relação a isso, viveremos irritados.

Os limites levam os adolescentes a compreender e a aceitar que nem tudo sairá sempre como esperam, desejam ou planejam. E lidar com esses sentimentos é o que chamamos de tolerância à frustração, que é uma característica fundamental da personalidade madura.

Os limites são educativos e favorecem a autonomia porque permitem que os jovens se protejam de situações que não conseguem lidar e, ao mesmo tempo, lhes concedem espaços progressivos de liberdade. Também digo que são educativos porque, nessa liberdade, eles aprendem a se responsabilizar por suas decisões e pelas consequências de seus atos, permitindo reconhecer seus erros e pedir perdão.

Uma pergunta frequente dos pais é: "E quando começamos a estabelecer limites?".

Respeitando a etapa evolutiva em que seu filho está, desde a infância. Dar-lhes nossas "regras do jogo" em casa, o que é permitido e o que não é, definindo consequências.

Na fase da adolescência, quando precisam se rebelar contra os pais da infância e seu papel infantil para adquirir sua identidade adulta, é, sem dúvida, o momento em que colocar limites se torna indispensável, já que os adolescentes estão expostos a situações de risco.

O limite nessa fase é colocado a partir da "autonomia vigiada", ou seja, são concedidas novas permissões com o controle dos pais e o compromisso de acompanhá-los.

Aprender, como pais, a impor limites, na minha opinião, é uma tarefa difícil e requer nossa experiência, sabedoria e, às vezes, a consulta a um especialista.

E como colocamos limites?

Sempre com amor, sem ferir o amor-próprio, em um tom baixo, sem gritos, sem raiva, nem palavras fortes ou insultos.

E saber fazer isso de maneira adequada requer trabalho pessoal para evitar nossos próprios transbordamentos, controlando nossa raiva e expressando o que precisamos da forma correta. Isso ajuda e os ensina também a nos contar como se sentem de uma maneira apropriada.

Não coloque limites que você não possa sustentar. Se for fazer uma exceção, que fique claro que é isso, uma exceção.

Às vezes, como pais, quando precisamos impor um limite, sentimos "culpa". Minha proposta é substituirmos essa palavra, que não constrói, por "responsabilidade", sabendo que ocupar o lugar de quem também diz "não, até aqui" dá segurança aos nossos filhos, porque eles entendem que há alguém que os observa, há presença e cuidado.

Então, se estamos falando de limites, eles devem ser: claros, específicos, concisos, possíveis de cumprir e razoáveis.

Devem ser conversados, relembrados e, se o lembrete não for suficiente, então deve haver uma consequência. Nada de castigos ou punições.

A arte de dizer "não" como legado fundamental

Alejandro Schujman e Laura Moyano

Hugo Finkelstein diz em seu maravilhoso "Poema do não[2]":

> Não.
> Não é não, e há apenas uma maneira de dizê-lo.
> Não.
> Sem exclamações, sem interrogações, nem reticências.
> Não se diz de uma única maneira.
> É curto, rápido, monótono, sóbrio e direto.
> Não.
> Se diz uma só vez, não.
> Com a mesma entonação, não.
> Como um disco riscado, não.
> Não é o fim de um livro, sem mais capítulos nem segundas partes.
> Não é não, porque é não.
> Quando o não é não, se olhará nos olhos e o não escorregará naturalmente dos lábios.
> A voz do não não é trêmula, nem hesitante, nem agressiva, e não deixa nenhuma dúvida.
> Esse não não é uma negação do passado, é uma correção do futuro.
> E só quem sabe dizer não consegue dizer sim.

Uma vez saí para correr na montanha com uma amiga maratonista. Eu, claramente, não sou, e mal consigo sair para caminhar e manter um trote. A primeira meia hora foi de um estresse enorme para mim.

Sentia que tinha que dar o máximo e um pouco mais para estar à altura das circunstâncias (frase que acho linda e clara).

Minha amiga, vendo meu esgotamento e o quão mal eu estava

---

2 N. do T.: O texto citado é um fragmento adaptado do poema original do autor (tradução nossa).

passando, parou de andar, colocou as mãos nos meus ombros e me disse:

"Ale, relaxa, você não está fazendo uma prova. Eu saí para passear com meu amigo, não para treinar. Divirta-se e aproveite, porque eu aproveito com você."

Como sempre, minha amiga teve o dom da empatia e, a partir disso, conseguiu perceber que eu estava me sobreadaptando para que ela "fosse feliz".

No dia a dia, e nos relacionamentos amorosos, de trabalho, familiares, nem sempre encontramos pessoas como a Mariana, minha amiga maratonista.

Na série *Adolescência*, Jamie menciona que, quando as coisas davam errado nos jogos de futebol, o pai desviava o olhar. Um pai que se frustra com um filho que não é bem-sucedido tem dois problemas: sua própria frustração e a dor imensa que cresce no filho como consequência da decepção paterna. Os filhos – e isso é universal – precisam sentir que os adultos primordiais em suas vidas têm orgulho deles, porque, quando isso não acontece, a ferida é duradoura e difícil de curar.

Ensinar as crianças a dizer "não" e validá-las em seu "ser suficientes", sem que precisem dar mais do que podem para serem aceitas e amadas, é o grande desafio.

O caminho longo e sinuoso do amor-próprio.

Então, repassemos:

O amor-próprio se constrói desde os primeiros momentos de nossas vidas, ou talvez até antes.

Quando somos pequenos, nossos adultos primordiais podem nos colocar para jogar a partida da vida nas melhores ou nas piores condições.

No primeiro caso, trata-se de:

- Permitir os riscos saudáveis e não punir o erro, entendendo que ele faz parte do processo de aprendizagem.
- Fazer com que sintam, desde a primeira infância, que são suficientes e que não precisam se esforçar além do que podem para

ter, de forma incondicional, o amor dos seus adultos primordiais.

- Educar com o exemplo, já que não nos ouvem o tempo todo, mas não deixam de nos observar.
- Ensiná-los a dizer "não" e a respeitar os limites do outro.

O que pais e mães não deveriam fazer:

- Supervalorizar e idealizar os filhos, fazendo com que acreditem e sintam que estão muito próximos da perfeição. Uma coisa é o amor e o encantamento natural que sentimos por nossos filhos, e outra bem diferente é fomentar traços narcisistas e criar filhos inimputáveis. Quando superestimamos as capacidades dos nossos filhos e os fazemos se sentir o centro do universo além do que seria desejável, estamos acendendo um sinal de alerta importante na construção da sua personalidade. Amanhã, quando crescerem, não vão encontrar um mundo de adultos que os supervalidem.
- Dizer frases que são resultado do cansaço e da impotência dos adultos, como já explicamos anteriormente.
- Repreender a criança atacando quem ela é, e não seu comportamento pontual, causa muito dano. Ou seja, se ela faz algo que merece uma advertência, em vez de dizer "você é má", é muito mais saudável e assertivo dizer: "o que você está fazendo está errado".

A primeira define seu ser e sua essência; a segunda, um comportamento – que é apenas uma parte, e não o todo.

Nunca devemos esquecer que uma criança pequena olha com admiração e com um respeito próximo da idealização para suas figuras primordiais: mãe, pai ou quem esteja cuidando dela. Ela não questiona o que esses adultos dizem; o que eles falam, sentem e fazem é tomado como lei, como um dogma.

Ou seja, sentirá que ela é o problema.

Quando se tornar um adulto, escolherá seus vínculos com base nessa crença limitante. E entrará numa corrida angustiante e tortuosa para ser escolhido. Ou seja, sentirá que precisa fazer um esforço excessivo para conquistar o amor do outro.

Lembro-me de estar atravessando uma rua com meu filho Ignacio pela mão. Me distraí, e um carro passou muito perto de nós. Do outro lado da calçada, perguntei ao meu pequeno:

— Você não viu o carro que passou?

— Vi, sim — ele respondeu —, mas eu estava de mão dada com você, papai.

Naquele momento, ainda tinha muito cabelo na cabeça, que ficou arrepiado ao perceber o peso e o valor que tinham minhas palavras. Hoje, com seus 31 anos, meu filho me questiona com total liberdade e sem nenhum tipo de remorso... É assim que as coisas são... embora esse seja um tema para outro capítulo.

Uma paciente me contou, há algum tempo, que, ao participar de um processo seletivo para uma vaga de trabalho, sofria muito com a espera e ia dormir pensando no que mais poderia fazer para se destacar e se distanciar dos concorrentes.

A ansiedade e o medo a invadiam, ela se sobreadaptava, deixando de lado sua dignidade e fazendo o que não queria para conseguir aceitação e ser a "escolhida". Nas diferentes áreas de nossas vidas – profissional, afetiva, relacionamentos e família –, nunca devemos ceder aquilo que vulnera o limite do amor-próprio.

Um paciente meu não queria tomar álcool, mas não suportava ficar com a imagem de "santinho" nas festas. Então, para evitar o olhar crítico do grupo, ele levava uma lata de bebida alcoólica na mão e a enchia com água.

Existem muitos exemplos assim, e muito mais cruéis do que este.

Uma garota de 16 anos era a única virgem de seu grupo de amigas e se "obrigou" a ter sua primeira relação sexual com um colega. Para isso, precisou ficar bêbada, como uma forma de anestesia.

Doloroso e traumático.

Em outra ocasião, uma menina de 12 anos, em dada sessão, me disse uma frase que até hoje abraço e me emociona: "Ale, estou perdendo meus medos, estou recuperando minha dignidade".

Palmas de pé para essa menina, hoje uma mulher plena de amor-próprio e felicidade.

Ferramentas para os pais

Pelo exemplo, ensine seus filhos que você está permanentemente focado, trabalhando no seu amor-próprio.

Mostre a eles:

- Que você valoriza suas fortalezas e trabalha suas dificuldades.
- Que não é saudável permitir que outra pessoa o maltrate por questões que não são seu ponto forte.
- Que se seu amor-próprio estiver meio fraquinho, você faz terapia ou lê livros que o ajudem, e também questiona os mandatos que foram impostos a você.
- Se, na hora de colocar a cabeça no travesseiro, você entra todos os dias em sonhos tranquilos, então as coisas estão mais ou menos como deveriam estar. Porém, se sua entrada no sono é uma montanha-russa com precipícios e quedas, então você deverá revisar a "instalação".
- Que você escuta seu instinto presta atenção no olhar de quem cuida de você e quer estar perto.
- Que você não negocia o inegociável.
- Que aquilo que você nunca, jamais, jamais mesmo, pode negociar é a sua paz mental.

Eduquemos nossos adolescentes com o exemplo de saber que nada nem ninguém pode fazê-los mudar o que sentem ou pensam.

Que nada nem ninguém pode obrigá-los a romper sua essência.

Nem negociar com aquilo que lhes cause danos.

A calma é o tesouro mais valioso que temos, e o trampolim para a busca de algo parecido com instantes de felicidade.

Eduquemos amor-próprio, esse é o fator de proteção mais valioso que podemos dar aos nossos jovens.

Que sintam e saibam:

- Que são necessários.
- Que são suficientes.

Nem mais, nem menos.

CAPÍTULO 5

Os adolescentes também falam

"A arte de falar com um filho adolescente"

Os adolescentes não falam quando os pais querem. Eles falam quando decidem.

Não suportam discursos intermináveis – e com razão. Então, sejamos concisos e precisos ao falar.

Eles têm um sensor especial para detectar nossas contradições e incoerências no discurso.

Meu filho mais novo costuma me dizer, quando estou no modo multitarefa: "Me escuta.".

E se ele percebe que não estou prestando total atenção ao que está dizendo, repete enfaticamente: "Por favor, me escuta!".

E essa ênfase me traz de volta ao eixo, me tira do meu mundo e me conecta com a situação que ele propõe e precisa.

E é assim, nossos filhos propõem e precisam de nós, nem mais, nem menos.

E frequentemente – porque também somos seres humanos – nos afastamos do ponto em que temos que estar firmes como pais, e, se não entendemos os sinais que nos dão, deixamos portas abertas para que busquem fora, em apoios ilusórios do amadurecimento, aquilo que não encontram em nós.

Está claro, não é?

Se não estamos à altura das circunstâncias, simplesmente os deixamos sozinhos, com todos os riscos que isso implica.

Podemos aprender muito com eles se baixarmos nossas réguas de exigência.

Muitas vezes, damos uma dimensão exagerada a situações que, numa perspectiva de curto prazo, são bem pequenas.

Na porta do consultório, uma mãe furiosa me conta:

— Olha que absurdo! Ficou vinte minutos jogando pebolim no clube. Chegou atrasada no treino de hóquei. No fim de semana não sai – esbravejou enquanto saía "espuma pela boca".

— É uma menina de 13 anos, não olhou o relógio, se distraiu. Não é grave, não é? – intervim. É muito mais séria sua fúria do que o ocorrido. O treinador que imponha as consequências, relaxa.

A garota, encostada na parede, ouvia atenta e respirou aliviada: não tinha acontecido nada grave.

Proponho que realizemos o seguinte exercício.

Fechemos os olhos, voltemos 15, 20, 30 anos no tempo e lembremos quando quem estava passando pela adolescência éramos nós.

Lembro quando eu tinha 15 anos, grudado no telefone fixo no *hall* de entrada da minha casa, falando horas e horas com a minha namoradinha.

Meu pai, exausto depois de um dia inteiro de trabalho, gritava lá de cima: "Ale, larga o telefone!!!".

Era o único meio de comunicação (claro, não existiam redes sociais nem nada parecido), e eu não era o centro do mundo.

Mas eu não sabia disso, ou melhor, não me dava conta.

A adolescência não é um período que se caracterize pela empatia com os pais, e isso não tem nada a ver com o amor.

Está relacionado com o fato de que toda a energia está voltada para crescer e se diferenciar do mundo familiar. Naquela época, eu me agarrava ao telefone fixo como hoje os adolescentes se agarram às telas.

Lembremos nossos tempos de adolescentes e entenderemos muito do que passa com nossos filhos.

Farei uma afirmação arriscada, mas a faço com convicção.

Aproveitemos nossos filhos adolescentes, coloquemos ternura nas situações em que normalmente nos enfurecemos.

Entendamos que são pequenos chihuahuas disfarçados de *rottweilers*.

Estão tratando de crescer, e precisam de nós presentes: não sejamos pares, sejamos pais para dar o que precisam: tempo, flexibilidade, amor e limites.

Com esses ingredientes, posso garantir, não tem como falhar...

Os filhos não fogem, apenas voam e precisam de nós ali...

Comunicação e adolescência: ferramentas para um vínculo saudável

Você já se perguntou alguma vez como fala com seu filho?

Estou convencido de que a comunicação é uma das bases mais importantes sobre as quais os vínculos se apoiam. O fato de ter que dizer algo de forma solene não lhe dá o direito de dizê-lo de forma rude.

Sempre podemos e devemos falar com amor, sem julgamentos e com afeto.

Deixo uma proposta de como falar com seu filho que considero maravilhosa. Marshall Rosenberg, autor do livro *Comunicação não violenta*, desenvolveu um processo de comunicação e mediação que ajuda as pessoas a trocar informações necessárias para resolver conflitos e diferenças de uma forma pacífica. Essa "comunicação não violenta" - ou CNV - se baseia em quatro passos-chaves:

1. Observação sem julgar: expor os fatos sem avaliações nem julgamentos. Nesta etapa, descreve-se a situação de forma objetiva, sem interpretações nem avaliações. Em vez de dizer "você é egoísta", pode-se dizer "quando você deixa o carro sem combustível...".

2. Expressão de sentimentos: comunicar as emoções sentidas. Identificar e expressar as emoções vivenciadas de acordo com a situação observada. Por exemplo, é possível dizer "isso me faz sentir...", "quando vejo sua roupa no chão sinto...".

3. Identificação das necessidades: reconhecer as necessidades que estão por trás dos sentimentos. Busca-se conectar os sentimentos às necessidades subjacentes a eles. Por exemplo, se você está irritado, pode dizer: "preciso de organização na casa...".

4. Formulação de pedidos: solicitar ações específicas para satisfazer as necessidades. Pedir uma ação concreta que possa ajudar a atender às necessidades. É importante que o pedido seja claro, positivo e realista, e que seja direcionado a alguém em particular: "você poderia me ajudar a limpar?".

Em resumo, como seriam os quatro passos?

"João, quando vejo sua roupa o chão, fico chateada porque gosto e me faz bem ver a casa arrumada. Você poderia pegar essa roupa e guardá-la agora no guarda-roupa, por favor?"

Ferramentas

- Escutemos os sinais de nossos filhos e façamos uso total do conceito de atenção plena. As distrações podem custar caro nesse momento da criação.

- Construamos momentos para compartilhar, lugares de encontros que estejam de acordo com os interesses de nossos filhos, não somente com os nossos.

- Sejamos exigentes nos limites essenciais desta etapa de criação. E, quando falo em ser "exigentes", quero dizer que devemos sustentá-los no tempo, com amor e coerência. É nas brechas das incongruências que se infiltram os riscos e as patologias da adolescência. O que não conseguimos administrar quando eles eram crianças, façamos agora; depois será tarde.

- Acima de tudo, APROVEITEMOS essa etapa maravilhosa da vida e observemos com prazer como nossos pequenos começam a abrir suas asas para se preparar para voar...

CAPÍTULO 6

O cérebro adolescente: período de obras

Dr. Lucas Raspall

Quando imaginei este livro, pensei como seria bom convidar um especialista em neuropsicologia para explicar, com a precisão necessária, como funciona o cérebro na adolescência.

Pensei no meu querido Lucas Raspall, e disse para mim mesmo: "Provavelmente ele está muito ocupado, não vai ter tempo. Mas posso perguntar, o 'não' eu já tenho."

E, de fato, ele não tem tempo. Mas como tem muita vontade e coração, com grande entusiasmo contamos com essa valiosa contribuição.

Obrigado, querido Lucas.

Lucas Raspall é médico psiquiatra (UNR), psicoterapeuta cognitivo pós-racionalista (UCA, CETEPO), especialista em psicoterapia zen (AAPZ) e acupunturista (SAA). É professor universitário (UCSF), profesor-titular nas faculdades de Medicina (UAI) e de Psicologia (UCSF). Atua como docente convidado em cursos de doutorado (UNR), mestrado (Austral) e pós-graduação (UCA). É autor de artigos científicos e de doze livros. Também é palestrante, divulgador e participa de oficinas e treinamentos para educadores em diversos países da América Latina.

A adolescência é um fenômeno complexo, por isso é preciso estudá-la com base em distintas perspectivas: uma delas é a biológica. Neste capítulo, grato pelo convite do querido colega Ale, tentarei explicar o que acontece com o cérebro, e o farei de maneira ágil e simples, embora procurando não perder a precisão nem a profundidade. Vale dizer que o que apresento aqui já foi desenvolvido anteriormente, e de forma mais extensa, no livro *Desafíos de la adolescencia. 40 posteos para una crianza positiva* (Raspall, 2024).

É sabido que, com a puberdade, começam a ser observadas mudanças muito significativas no corpo, e que os hormônios entram em ação. Mas as transformações que ocorrem nos campos emocional, cognitivo, comportamental e social – em todas as dimensões da personalidade – não se devem simplesmente à tempestade hormonal, a uma reação psicológica às mudanças corporais ou às novas demandas que a vida impõe.

Na puberdade começa a ocorrer uma grande reorganização no cérebro (a última), um fenômeno incluído no programa genético: essa transformação tem um interesse evolutivo crucial.

O fato de essas mudanças estarem pré-programadas na bagagem genética revela a importância que têm para a adaptação, em uma perspectiva evolutiva. O cérebro precisa se preparar para o que vem a seguir; o adolescente precisa se estruturar para as novas demandas e os novos desafios da vida. Por isso, é tão importante compreender as evidências que emergem da pesquisa em neurociência: "Na fase da adolescência, ocorre uma atualização e reorganização significativa da sua rede neural, o que implicará grandes mudanças na pessoa" (Guerrero, 2021).

O cérebro é plástico, por isso vai se modificando ao longo de toda a vida de acordo com as necessidades de cada época e com as experiências vividas; essa capacidade é chamada de neuroplasticidade. "A neuroplasticidade é a potencialidade do sistema nervoso de se modificar para formar conexões nervosas em resposta a novas informações, estimulação sensorial, desenvolvimento, disfunção ou lesão" (Garcés-Vieira e Suárez-Escudero, 2014).

Poda neural. No momento do nascimento, o cérebro é composto de 100 bilhões de neurônios, número alcançado após períodos de máxima proliferação cerebral durante a gestação, chegando a produzir até 250 mil neurônios por minuto – fato que ocorre entre o segundo e o quarto mês de gestação. Cada neurônio se conecta com outros 2.500, número que aumentará nos primeiros anos de vida até atingir cerca de 15 mil conexões por neurônio: a capacidade sináptica dos neurônios imaturos é aproximadamente 50% maior do que a das células adultas. No entanto, esse crescimento tem um limite, um encerramento, conhecido como poda sináptica, um processo vital de reorganização no cérebro imaturo. Trata-se de um mecanismo fisiológico regulador em que participam fenômenos biológicos e ambientais que, em condições normais, eliminam as conexões neurais pouco utilizadas, danificadas ou ineficientes, com o objetivo de fortalecer as vias que são de fato úteis e manter uma reserva para a criação de novas conexões importantes. Assim, em busca de maior eficiência do sistema, a partir dos três anos de idade, milhões de conexões são perdidas por dia, um processo que continua por anos, embora em menor magnitude.

Mais adiante, chegará o momento de uma segunda poda: a poda neural da adolescência é mais prolongada do que a anterior e pode se estender desde o início da puberdade até o fim da adolescência ou o começo da vida adulta.

> Na região pré-frontal, a massa cinzenta aumenta até os onze anos nas meninas e até os doze nos meninos, para depois começar a diminuir, o que sem dúvida reflete o estabelecimento de novas sinapses nessa área na fase imediatamente anterior à puberdade, e seu posterior recorte, em uma sequência que vai do córtex occipital até o frontal. Junto a esse processo de poda, o aumento linear da massa branca ao longo da adolescência indica a mielinização progressiva

das conexões neurais, tanto no córtex frontal quanto nas vias que o conectam a outras áreas do cérebro (Oliva, 2007).

Mielinização. A mielinização é um processo iniciado no fim da gestação e se estende ao longo de toda a vida. Enquanto nas regiões motoras do cérebro a mielinização já está completa nos primeiros anos de vida – próprio das necessidades dessa fase do desenvolvimento –, isso não acontece na região do córtex pré-frontal, onde a mielinização só acontecerá após a adolescência.

O revestimento do axônio dos neurônios por essa bainha gordurosa e esbranquiçada (mielina) favorece uma transmissão mais rápida, aumentando em até 100 vezes a velocidade, e mais eficaz do impulso nervoso, o que resulta em uma ativação menos difusa e mais eficiente. Até os 6 anos, o processo de mielinização alcança cerca de 80% do sistema nervoso, mas esse percentual significativo não inclui áreas como o córtex pré-frontal, que exigem muito mais tempo para atingir o amadurecimento. A progressão do revestimento pelas bainhas de mielina ocorre no sentido occipitofrontal, ou seja, de trás para a frente. Esse processo está diretamente relacionado a um aumento na quantidade de massa branca, fenômeno que também pode ser observado por meio de exames de imagem (De Caro, 2013). O aumento da massa branca nessa fase é um indicativo claro de que a adolescência é um período de integração.

A realização de tarefas complexas por parte do cérebro requer conexões estreitas entre todas as áreas que o compõem: não se trata apenas de fortalecer áreas, mas de formar redes colaborativas.

Além das mudanças observadas em certas áreas, entre as quais se destaca o córtex pré-frontal, também são fundamentais nesse processo as melhorias e o fortalecimento progressivo das vias que conectam diferentes regiões desse córtex com estruturas subcorticais, como a amígdala, o hipocampo e o núcleo caudado.

Embora a arquitetura dessas estruturas do sistema límbico seja relativamente estável na infância – por necessidades evolutivas –, as conexões com seu par pré-frontal só se consolidarão muito mais tarde. E é justamente isso que levará a importantes avanços na comunicação entre essas áreas e, consequentemente, a uma maior capacidade de moderação por parte do córtex pré-frontal em relação ao sistema límbico. Em outras palavras, o cérebro racional começa a ter mais influência sobre o emocional. Trata-se, portanto, de um processo de integração entre diferentes estruturas cerebrais que exige uma coordenação articulada, tornando o funcionamento geral mais eficiente e melhorando seus resultados. Por fim, é tão certo que não se pode exigir de um adolescente uma função executiva precisa, eficiente e sem erros, dado que seu cérebro ainda está imaturo, quanto é verdade que essa maturidade depende da experiência.

Tempo de tempestades

Como o médico psiquiatra e professor Daniel Siegel ensina, a previsão do clima cerebral é de tempestades intensas. Três grandes movimentos se destacam nessa fase: a busca por novidades, o envolvimento social e o aumento da intensidade emocional. Essas mudanças aumentam a necessidade de experimentar coisas novas, geram uma conexão mais profunda com os amigos, intensificam as emoções – tanto prazerosas quanto desagradáveis –, e erguem uma barreira contra os modos estabelecidos – familiares e sociais – para permitir a criação de novas formas de ser e estar no mundo. Cada uma dessas transformações é necessária para impulsionar e sustentar a mudança que essa etapa tem como missão. Neste capítulo, vou me dedicar apenas ao primeiro desses movimentos.

Busca de novidades. Surge de uma necessidade crescente de encontrar novas sensações e gratificações. A partir de um estímulo, algo que observa no exterior ou imagina em seu interior, acende-se uma motivação que rapidamente cresce, ganhando a dimensão de urgência e, sem tempo para a pausa nem espaço para o freio, o organismo entra em ação para alcançá-lo: motivação, exploração e ação.

> O sistema de recompensa é o centro que detecta o estímulo de recompensa que se conecta com a amígdala, o hipocampo e o córtex pré-frontal. Nesse circuito, é liberada a dopamina, que controla as respostas individuais a recompensas naturais como comida, sexo e interações sociais, sendo um importante condutor da motivação e dos incentivos; ou seja, ela diz ao indivíduo para repetir o que está fazendo a fim de obter a recompensa. Além disso, ativa a memória para prestar atenção a todas as características da experiência recompensadora, caso ela se repita no futuro (Ruiz, 2023).

A busca por sensações implica a aceitação do risco; a questão é que, nessa fase, a avaliação costuma não ser equilibrada, resultando em uma maior valorização da ativação emocional gerada do que dos riscos, das consequências ou dos possíveis danos decorrentes das decisões tomadas. Essa pressa anda de mãos dadas com outro conceito conhecido, e muito característico da imaturidade do cérebro adolescente: a impulsividade, que transforma um desejo em ação sem tempo ou espaço para conduzir uma reflexão.

Na grande maioria dos casos, os adolescentes estão conscientes dos riscos e das consequências decorrentes de suas ações – eles os conhecem e percebem –, mas, apesar dos resultados negativos potenciais, os aspectos positivos se sobressaem. Isso acontece porque o cérebro está focado na experiência desejável: a diversão, a excitação, a emoção ou a vivência compartilhada.

A ênfase clara no aspecto positivo – supervalorizado – e o desprezo pelo negativo – subvalorizado – é fruto das mudanças transitórias na estrutura e na função do cérebro adolescente.

> Durante a adolescência, há um aumento da atividade dos circuitos neurológicos que utilizam a dopamina, um neurotransmissor fundamental para que sintamos a necessidade de gratificação. Começando nos primeiros anos da adolescência e atingindo seu pico nos anos centrais dessa fase, o aumento na liberação de dopamina faz com que os adolescentes se sintam atraídos por experiências emocionantes e sensações estimulantes. Pesquisas sugerem inclusive que o nível habitual de dopamina é mais baixo, mas que sua liberação em resposta a experiências é maior, o que pode explicar por que adolescentes de quinze anos frequentemente dizem estar "entediados" quando não estão envolvidos em atividades novas ou estimulantes (Siegel, 2013).

Esse aumento da necessidade de gratificação se manifesta durante a adolescência de três formas significativas: o aumento da impulsividade, o viés positivo (uma ênfase marcada nos benefícios percebidos em relação aos riscos potenciais) e a maior suscetibilidade a vícios (giram em torno da recompensa dopaminérgica). O funcionamento do cérebro depende do estado, o que significa que ele não age da mesma forma quando está calmo ou agitado. Quando está calmo, certas funções executivas integradoras podem ser realizadas de forma correta e eficiente, mas essas mesmas funções, quando o adolescente está alterado – excitado, desorganizado, nervoso, incomodado ou assustado –, não apresentam os mesmos resultados. Nessas situações, as capacidades de pausar, avaliar, gerenciar, executar e monitorar ficam prejudicadas: em outras palavras, o cérebro racional (pré-frontal) não consegue governar o cérebro emocional (subcortical), o que pode levar a atitudes ou respostas desajustadas, desproporcionais ou inadequadas. Esse é o motivo por que eles podem realizar um processo reflexivo impecável – abstrato, amplo e complexo – quando conversamos ou antecipamos determinadas situações, mas depois, quando estão tomados pelo calor do momento, esses elementos já não têm peso na tomada de decisões. Quando a paixão diminui e o tom emocional retorna a um ponto de equilíbrio, percebem o que fizeram, o risco ao qual se expuseram ou o dano que causaram.

A eficiência da função integradora do cérebro depende do estado: quando o adolescente está emocionalmente regulado, o funcionamento é adequado; quando está em desequilíbrio, seu funcionamento encontra um obstáculo.

Por outro lado, retomando as consequências do desajuste dos circuitos motivacionais dopaminérgicos, "os eventos motivacionais (reforçadores naturais) produzem uma mudança adaptativa rápida (habituação); depois de algumas poucas experiências, a liberação de dopamina deixa de ser induzida por esse evento" (Vidal Miranda, 2006). Por isso, o que é novidade ativa fortemente o circuito, mas, quando deixa de ser novidade, já não provoca a mesma sensação. É por esse motivo que se entusiasmam muito ao iniciar novas atividades – e chegam a relatar isso quase como uma urgência ou necessidade –, mas não conseguem manter esse ímpeto ao longo do tempo.

Isso também explica por que os adolescentes, quando não estão envolvidos em nenhuma situação específica que ative o circuito de motivação e recompensa, sentem-se sem vontade, entusiasmo ou interesse. Isso ocorre porque o nível basal de dopamina nessa área é especialmente baixo, o que dificulta que se envolvam com alguma proposta. Se a proposta não ativa o circuito – gerando uma "onda" –, então o adolescente se mostrará desmotivado ou dirá que está com preguiça. Essa é a razão pela qual eles têm tanta dificuldade para fazer algo que pedimos ou para se mobilizar e cumprir com suas responsabilidades na rotina doméstica.

Definitivamente, embora esse desequilíbrio muitas vezes represente um peso para quem tem a tarefa de criar e educar, já que aumenta a necessidade de supervisão e de impor limites, com os atritos que isso pode gerar, os adolescentes não vivenciam isso de forma desagradável: estar abertos à exploração e experimentar sensações novas faz com que cada dia vivam novas aventuras, geralmente compartilhadas com o grupo de amigos, tornando essa etapa do caminho apaixonante.

Um processo em dois tempos

De uma perspectiva evolutiva, o desenvolvimento do cérebro é heterocrônico, dado que as diferentes áreas e vias, embora presentes desde o momento do nascimento, amadurecem em tempos e ritmos diferentes. Mais do que um processo simultâneo, homogêneo e linear, trata-se de uma maturação sequencial, absolutamente heterogênea.

A maior atividade das áreas subcorticais é a fonte da hiper-reatividade emocional, ao mesmo tempo que as vias inibitórias que partem do córtex pré-frontal ainda não estão firmes.

Assim como o desempenho estritamente cognitivo depende desse processo, o mesmo acontece com a regulação emocional ou o controle do comportamento, alavancas das funções executivas como um constructo integral. E o que se manifesta claramente na adolescência é a falta de maturação, sincronização e integração. A relação causal entre esses processos de mudança cerebral e muitos comportamentos próprios da adolescência é evidente: a reatividade emocional, a busca por novas sensações, a assunção de riscos, a impulsividade, a afinidade pelos pares e o desafio aos adultos de referência – e a todo aquele que tente impor limites às suas condutas exploratórias –, para citar alguns exemplos. Se a essa questão se soma a explosão hormonal própria da puberdade, quando o corpo está preparado e desejoso de ir ao encontro de situações que ultrapassam sua capacidade de enquadrá-las racionalmente, surge a imagem do cérebro adolescente como uma "bicicleta sem freios".

Essa particularidade de *design* – a da "bicicleta sem freios" –, fruto de um processo de maturação assincrônica, apresenta claras vantagens e desvantagens. Entre as vantagens, destaca-se o ajuste do cérebro às necessidades de um ambiente em constante mudança: se o desenvolvimento fosse pré-programado geneticamente, do início ao fim e em todos os seus aspectos, não teria essa plasticidade para se adaptar ao que é – inevitavelmente – único, como é a história singular de cada pessoa. Entre as desvantagens, estão os riscos que isso acarreta, tratando-se, nesse sentido, de um período de alta vulnerabilidade.

Como antecipei linhas atrás, o desenvolvimento não é linear: o desempenho das funções executivas durante a adolescência pode ser ótimo em situações calmas, mas não em situações agitadas, circunstância que exige uma coordenação precisa entre áreas, o que ainda não acontece. Por esse motivo, seu desempenho pode ser equivalente ao de um adulto em determinadas ocasiões, mas não em outras. Por exemplo, quando certas situações foram gratificantes e não tiveram consequências negativas anteriormente, sua busca será difícil de conter, mesmo que a informação disponível possa acionar diversos alertas: a imagem mental do reforço positivo é muito mais forte que a do risco ou do dano associado.

> Esse desequilíbrio é resultado da interação entre dois sistemas neurobiológicos que amadurecem de forma diferenciada: o sistema socioemocional (sistema límbico e paralímbico) e o sistema cognitivo (lobo frontal), bem como a interação entre ambos. Enquanto o sistema socioemocional se encontra mais ativo, com maior sensibilidade à recompensa devido ao rápido crescimento dos receptores dopaminérgicos, o sistema cognitivo – responsável pelo autocontrole – e a interação entre ambos os sistemas não estão completamente maduros até o final da adolescência (Carrillo-Sierra e Quintero-Sánchez, 2020).

Alguns pesquisadores se referem a esse ponto como um *modelo de desequilíbrio do desenvolvimento cerebral.*

> Essa perspectiva combina os aspectos cognitivos e socioemocionais do desenvolvimento, levando em conta os mecanismos neurais subjacentes. Especificamente, essa perspectiva "dual" foca as interações dinâmicas que se estabelecem entre um sistema "quente" de tipo emocional, e os fatores "frios" do sistema de controle cognitivo. De acordo com essa abordagem, os adolescentes tendem a adotar uma maior quantidade de comportamentos de risco devido à dessincronização no amadurecimento entre ambos os sistemas, sendo os componentes frios os que amadurecem mais rapidamente (Broche Pérez, 2015)

Diferentemente do que ocorre na adolescência, durante a infância e a vida adulta o sistema límbico subcortical e o sistema de controle cognitivo apresentam níveis de maturidade similares, o que torna o comportamento final mais equilibrado.

Esse desequilíbrio cria um "período de 'vulnerabilidade aumentada', durante o qual os adolescentes apresentam limitações para coordenar a relação entre emoções e racionalidade na tomada de decisões" (Steinberg, 2010), um verdadeiro desafio.

O cérebro adolescente está em obras, por isso precisa de guias que orientem, faróis que iluminem quando a escuridão se aproxima, suportes nos quais se apoiar quando as forças se esgotam.

Aqui encerro esta simples contribuição, reconhecendo que deixei de fora muito mais do que aquilo que escolhi priorizar. Agora é a sua vez de integrar essas informações ao restante da obra. Um abraço a distância! E, mais uma vez, obrigado, Ale, por me permitir participar dessa conversa com os leitores.

CAPÍTULO 7

Adolescência e dependências

Dr. Javier Naveros

Entusiasmado com a participação do meu querido Lucas Raspall, disse: "Vamos além."

Meu desejo era que um especialista em vícios e dependências me explicasse com precisão quão fácil ou difícil um adolescente se torna dependente. Para isso, pensei em meu amigo Javier Naveros. Sei o quanto ele está ocupado, indo de um lado para o outro. Mas, novamente, o "não" eu já tinha e, com grande generosidade, ele aceitou participar deste livro.

Tenho comigo um dream team. Obrigado, Javi!

Javier Naveros é médico especialista em psiquiatria. Mestre em neurociências com pós-graduação em terapia sistêmico-relacional. Diretor do curso Abordagens de Consumos Problemáticos e Dependências na Universidade Austral, Argentina. Professor honorário da Faculdade de Medicina da Universidade de Antioquia, em Medelin, Colômbia. Presidente da Associação Argentina de Promoção da Saúde (AAPS). CEO de Praesens. Diretor-geral de ADSUM Saúde Mental e Dependências. Ex-diretor provincial de Saúde Mental e Dependências da província de Buenos Aires.

Superaprendizagem e super-risco

A adolescência é uma fase em que a neuroplasticidade está em seu ponto mais alto. Isso se traduz em uma grande capacidade cognitiva, de aprendizagem e memória, ou seja, uma forte disposição a aprender. As sensações de recompensa reforçam tudo isso. Reforçar significa garantir que o jovem vai manter e repetir algumas condutas, já que com isso obtém prazer. O cérebro interpreta como recompensa qualquer coisa que se aprenda, seja boa ou ruim, saudável ou não, que estimule a produção de dopamina, neurotransmissor central na experiência do prazer. Tudo isso poderia ser visto como uma superaprendizagem.

O cérebro não diferencia entre o bom e o ruim, o tóxico e o saudável... Somos nós, seres humanos, que temos cérebro, que fazemos isso por meio de funções que desenvolvemos até o fim da adolescência e na juventude. É por isso que, durante a adolescência, ao lado dessa capacidade de superaprendizagem, ocorre também o período de super-risco.

Quando essa superaprendizagem está a serviço de qualquer comportamento, ela o reforça e mantém a motivação para repeti-lo. Se, além disso, houver condições que aumentem o prazer obtido, são ainda mais reforçadas. A exposição a reforçadores na adolescência torna os jovens mais propensos a ter problemas com todos os tipos de consumo e inclusive dependências, tanto as que envolvem substâncias quanto as comportamentais.

A experiência de prazer e recompensa está intensificada no cérebro adolescente. Os consumos e as atitudes compulsivas estão intimamente relacionados à forma de conseguir prazer, recompensa. Como vimos, o cérebro adolescente busca sensações, excitação e recompensa e as experimenta com maior sensibilidade que os adultos. Além disso, a capacidade de prever consequências, avaliar riscos e controlar cognitivamente os impulsos ainda estão em desenvolvimento. O comportamento adolescente está mais centrado na busca por prazer e recompensa ou em evitar o desprazer apesar do risco do que na percepção do risco e na previsão.

Quanto a evitar o desprazer, a adolescência também é uma fase em que a disforia é comum. Ou seja, o tédio, as sensações de solidão, a tristeza e a ansiedade geram emoções desagradáveis e a busca de excitação e recompensa prazerosas ajudam a evadir, a se sentir bem e a se divertir. O sofrimento adolescente pode aumentar com situações vividas no passado (rupturas familiares, migração, falecimentos, violência, abusos etc.) ou por transtornos de saúde mental (TDAH, TEPT, transtornos de ansiedade etc.) que não foram identificados e abordados adequadamente de forma prévia. Esses fatores podem aumentar a pressão nesse sistema e ampliar a necessidade de sentir alívio e prazer de alguma forma.

Tudo isso contribui para que seja conveniente repetir condutas e vivenciar experiências geradoras de recompensa. Isso não seria um problema se não existissem os riscos que muitas dessas questões representam para a saúde, o bem-estar e até a vida.

No capítulo anterior, percorremos um caminho que nos ajudou a compreender como as características do cérebro adolescente, um cérebro em desenvolvimento, permitem entender melhor os comportamentos que caracterizam essa fase. Tanto pelo que já está possibilitado quanto pelo que ainda não se desenvolveu completamente.

Durante milhares de anos, o cérebro adolescente não mudou, e os comportamentos de risco têm sido características permanentes nos adolescentes. Aristóteles falava dos "aloucados", que eram irascíveis, passionais e impulsivos. Como vemos, isso não é algo novo, mas devemos entender que, atualmente, os perigos aos quais os adolescentes estão expostos não são os mesmos de tempos passados, assim como certamente os do futuro também serão diferentes.

Quais são esses perigos? Viver hoje sob as regras da sociedade de consumo, com exposição permanente a reforçadores especialmente desenhados para atrair e reter todo tipo de consumidores (independentemente da idade que tenham). Isso aumenta, mais do que em outras épocas, os níveis de exposição de todos, independentemente da faixa etária, ampliando nossos riscos diante dos perigos que passam a fazer parte de forma dinâmica do nosso contexto. Eles nos cercam:

- **Substâncias psicoativas**
  - Substâncias psicoativas tradicionais (álcool, nicotina, cocaína, MDMA, LSD...)
  - Novas substâncias psicoativas (tusi, drogas sintéticas...)
  - Substâncias psicoativas tradicionais que mudaram (maconha, alimentos e bebidas)

- **Conteúdos psicoativos**
  - Pornografia
  - Imagem corporal, corpos hegemônicos
  - Formas de sucesso e acesso ao dinheiro
  - Positividade tóxica

- **Condutas psicoativas**
  - Jogos de apostas
  - Jogos eletrônicos
  - Compras
  - Atividade física
  - Atividade sexual

Damos o nome de psicoativo ao "objeto" (substância, conduta, conteúdo) que atua sobre nosso cérebro e é capaz de modificar seu funcionamento. Se, além disso, pode intervir como gerador, reforçador e potencializador da recompensa, ele também será viciante, podendo ter potência própria como fator independente ou ser potencializado quando combinado com outros fatores.

Se estamos diariamente expostos a todo tipo de estímulos potencialmente viciantes, é fundamental saber gerenciá-los adequadamente, filtrá-los, proteger-nos e cuidar de alguns deles. E, para aquelas pessoas que ainda não desenvolveram as capacidades e habilidades para isso, devemos "emprestá-las".

A forma de "emprestá-las" que nós, adultos, temos é permitindo que, por meio das nossas interações, os adolescentes possam não só receber nosso cuidado quando ainda não conseguem cuidar de si mesmos mas também – e principalmente – por meio do exemplo que damos e do que deixamos de dar, para que desenvolvam o próprio autocuidado e a autonomia.

Você faria um raio X em uma gestante?

Ninguém hesita diante da pergunta: "Você faria um raio X em uma gestante?". A resposta é unânime: NÃO. Durante a gestação, o bebê está em pleno desenvolvimento, e os raios X podem afetá-lo e provocar malformações que comprometerão sua vida.

Sabendo que o cérebro adolescente também está em desenvolvimento, você o exporia repetidamente a perigos que podem provocar alterações e/ou danos que afetem, entre outros, um órgão como o cérebro, que só estará totalmente desenvolvido por volta dos 24 ou 25 anos? A resposta deveria ser unânime: NÃO. No entanto, aqui nos deparamos com uma grande quantidade de situações de exposição a perigos que aumentam os riscos nessa fase da vida, capazes de comprometer a saúde e o bem-estar dessa pessoa e com impacto direto sobre seu entorno. Essas situações não se explicam apenas pelas condutas típicas da adolescência, mas sim pela ausência ou falha na presença de figuras adultas de referência.

Proteger os adolescentes desses perigos é uma tarefa dos próprios adolescentes, embora se entenda que ainda não podem fazer isso sozinhos. Portanto, é fundamental que os adultos com quem convivem os cuidem e acompanhem.

A realidade do consumo de drogas na adolescência é esta: os mesmos processos cerebrais que dificultam o desenvolvimento nessa fase da vida tornam mais provável o uso de drogas. Um córtex pré-frontal imaturo significa menos controle sobre o comportamento impulsivo, menor compreensão das consequências e menos ferramentas para interromper esse comportamento. Um núcleo accumbens imaturo, mais ativo do que o de um adulto, faz com que os adolescentes busquem quase automaticamente o risco e prefiram atividades que exijam pouco esforço e proporcionem muito prazer.

Determinadas experiências e substâncias psicoativas realmente interferem no desenvolvimento normal e, consequentemente, provocam problemas para toda a vida. A exposição precoce pode afetar o cérebro enquanto ele ainda está em crescimento e pode causar alterações no desenvolvimento dos neurotransmissores e de suas sinapses.

Lembremos que o cérebro adolescente é uma máquina em busca de novidades, de sensações intensas e de correr riscos.

Efeitos específicos de acordo com o tipo de substância

Etanol (álcool)

Os adolescentes relatam, de forma subjetiva, maiores sensações de desinibição social ao consumir álcool em comparação com os adultos. Esse efeito contribui para criar uma experiência social mais prazerosa (por exemplo, sentir-se menos tímidos).

Menos inibição significa mais tolerância, e a maior tolerância pode impulsionar o consumo. Se somamos isso à pressão dos amigos, ao fato de os adolescentes passarem tanto tempo em situações sociais e de serem mais propensos a beber em grupo, temos a receita completa para o abuso do álcool.

Todos esses efeitos do cérebro em desenvolvimento – baixo controle dos impulsos, preferência por esforço mínimo, busca por experiências emocionantes e maior sensibilidade aos benefícios sociais da intoxicação – podem contribuir para a decisão inicial de consumir drogas e tornar a experiência altamente gratificante e suficiente a ponto de querer repeti-la (Spear, 2022).

O etanol afeta múltiplos sistemas de neurotransmissão, e é particularmente prejudicial na adolescência, conforme descrevemos a seguir.

• **Neurotoxicidade seletiva:** maior vulnerabilidade do hipocampo, córtex pré-frontal e cerebelo, regiões que se desenvolvem mais tardiamente.

• **Déficits cognitivos:** comprometimento da memória espacial, atenção, planejamento e flexibilidade cognitiva. Estudos longitudinais evidenciam que o consumo intensivo (*binge drinking*) está associado a reduções significativas no quociente de inteligência (QI) e no desempenho acadêmico.

• **Alterações neuroimunológicas:** ativação de processos neuroinflamatórios que podem contribuir para danos cerebrais persistentes.

• **Efeitos sobre a mielinização:** interferência nos processos normais de mielinização, prejudicando a comunicação inter-hemisférica e intrarregional.

As bebedeiras adolescentes, caracterizadas pelo alto consumo de álcool em curtos períodos, também chamadas de "porres" (*binge*, em inglês) ou alcoolismo de fim de semana, provocam:

• uma perda significativa do volume hipocampal. O hipocampo adolescente (estrutura-chave para a aprendizagem e a memória) é mais vulnerável aos efeitos prejudiciais do etanol do que o hipocampo adulto. Isso ajuda a entender o impacto devastador que essa modalidade de consumo pode ter sobre os processos de aprendizagem fundamentais na vida do adolescente.

• maior índice de norte neuronal.

• comprometimento do tamanho e da eficácia do córtex pré-frontal e, como consequência, seu impacto nas funções executivas, como o controle inibitório.

Os adolescentes têm uma maior capacidade de resistir aos efeitos sedativos e à descoordenação motora provocados pelo álcool, o que facilita o consumo de quantidades maiores. Porém, o dano cerebral que essa substância pode causar é muito mais grave do que em adultos.

Muitos adolescentes alcoolizados não se lembram de partes do que aconteceu. Referem-se a isso como "brancos" ou esquecimentos. Esquecem diversos acontecimentos, como episódios de vandalismo, brigas, sexo sem proteção, direção imprudente e gastos descontrolados.

Rebeldia, tendência a atitudes nocivas, depressão e ansiedade são apenas alguns dos traços comportamentais e transtornos emocionais que têm sido associados ao consumo de álcool na adolescência. Também está comprovado que crianças que começam a beber antes dos 12 anos compartilham certos traços de personalidade, como hiperatividade e agressividade, que podem servir como indicadores de futuros problemas com o álcool.

De acordo com pesquisadores, o erro dos pais é pensar que, se deixam seus filhos beberem em casa com os amigos, farão isso de forma responsável. Mas acontece o contrário, afirma Haske van der Vorst, pesquisador holandês: "Quanto mais o adolescente beber em casa, mais ele beberá em outros lugares, e maior será o risco de desenvolver um consumo problemático de álcool no decorrer de três anos" (Van der Vorst e Engels, 2010).

Todos os fins de semana, milhares de adolescentes na Argentina consomem álcool. Muitos deles, em excesso; alguns, em níveis extremos. É muito provável que todos eles sofram algum tipo de dano cerebral – um dano que pode, sim, ser permanente. Além disso, muitos desses adolescentes entram em carros dirigidos por outros jovens sob efeito do álcool. A maioria deles volta para casa. Mas alguns, não.

Cannabis (maconha)

O consumo de maconha pelos adolescentes deveria ser motivo de séria preocupação.

A maconha tem superado o álcool como problema de saúde pública entre os adolescentes. Os que fazem uso regular de maconha têm risco maior de ficar desmotivados, cair no rendimento escolar e, como consequência, alcançar níveis educacionais mais baixos, podendo, inclusive, abandonar os estudos.

O consumo de maconha entre os adolescentes também pode ter efeitos negativos sobre o coeficiente intelectual e aumentar o risco de dependência de *cannabis* e outras drogas (Compton, 2016).

A maconha usada por adolescentes de hoje é muito diferente daquela que seus pais ou avós podem ter usado.

O sistema endocanabinoide desempenha um papel crucial no desenvolvimento e na maturação do cérebro (neurogênese, alongamento axonal, diferenciação neuronal, migração, formação da glia e poda sináptica), especialmente durante a adolescência e a juventude. Interferir nesse sistema por meio de canabinoides exógenos poderia causar efeitos adversos tanto imediatos quanto de longo prazo (Pacher e Kunos, 2006).

Os estudos também mostram que o uso da maconha tem conexões complexas com diversos transtornos mentais, incluindo transtornos do humor, transtornos de ansiedade, outros transtornos relacionados ao uso de substâncias e, em especial, os transtornos psicóticos.

Evidências crescentes sugerem que o uso de maconha (principalmente durante a adolescência) é um fator de risco independente ou até mesmo uma causa para esquizofrenia e outros transtornos psicóticos. Há também provas convincentes de que o uso de maconha antes do surgimento de qualquer sintoma psicótico acelera a manifestação da psicose entre aqueles que desenvolvem um transtorno psicótico. Além disso, o uso de maconha durante as fases iniciais desses transtornos está associado a uma melhora limitada (Compton, 2016).

O tetrahidrocanabinol (THC) interage com o sistema endocanabinoide, que é crucial para o neurodesenvolvimento, conforme descrevemos a seguir.

- **Impacto na maturação pré-frontal:** alteração do desenvolvimento de circuitos pré-frontais, com déficits em funções executivas.
- **Remodelação do sistema endocanabinoide:** dessensibilização dos receptores CB1, afetando os processos de sinalização envolvidos na plasticidade sináptica.
- **Aumento do risco de psicose:** principalmente em indivíduos com vulnerabilidade genética, com evidências de antecipação no aparecimento de transtornos psicóticos em usuários adolescentes.
- **Déficits motivacionais:** o consumo crônico está associado à "síndrome amotivacional", caracterizada por apatia, redução de interesses e queda do rendimento acadêmico.

Os estudos atuais sobre a maconha têm profundas implicações para os adolescentes. Manipular ou interromper essa fase importante do desenvolvimento com o uso de *cannabis* pode alterar completamente a trajetória do desenvolvimento cerebral e causar déficits que só se manifestarão muitos anos depois. Se, como pais, professores e responsáveis, não levarmos a ciência em consideração, agiremos em detrimento dos nossos filhos.

Tabaco (nicotina)

Fumar cigarros industriais ou feitos à mão, assim como usar cigarros eletrônicos, fornecem nicotina, que entra no organismo por meio dessas práticas de consumo. A nicotina é um estimulante e pode aliviar o estresse dessa fase da vida. Fumar também pode ser uma atividade social com os amigos. Além disso, na adolescência, as consequências nocivas do tabaco parecem estar muito distantes no tempo.

A neuroplasticidade do cérebro durante a adolescência agrava ainda mais o problema do consumo de tabaco e sua dependência. Isso também torna mais difícil abandonar o hábito de fumar.

A dependência da nicotina também é alta entre pessoas com transtornos do estado de ânimo. Apresenta uma forte relação com comportamentos depressivos, uma menor resposta à recompensa e uma maior reatividade a situações estressantes ao longo da vida.

A nicotina atua principalmente sobre os receptores nicotínicos de acetilcolina, conforme descrevemos a seguir.

- **Alteração do desenvolvimento colinérgico:** modificação na expressão e na sensibilidade dos receptores nicotínicos durante um período crítico de desenvolvimento.
- **Maior vulnerabilidade à dependência:** o cérebro adolescente desenvolve dependência da nicotina mais rapidamente que o adulto, com sintomas de abstinência mais intensos.
- **Efeitos na atenção e na memória de trabalho:** déficits cognitivos persistentes, principalmente em tarefas que exigem atenção prolongada.

Estimulantes (cocaína, anfetaminas, metanfetaminas)

Assim como a cocaína, as anfetaminas e metanfetaminas aumentam a concentração de dopamina no cérebro, produzindo um estado de grande euforia, mais pronunciado em adolescentes do que em adultos.

Elas atuam principalmente no bloqueio de recaptação de monoaminas, o que resulta em:

- **Neurotoxicidade dopaminérgica:** degeneração dos terminais dopaminérgicos nos circuitos de recompensa e motivação.
- **Alterações cardiovasculares cerebrais:** risco maior de acidentes vasculares cerebrais e danos isquêmicos no cérebro em desenvolvimento.
- **Sensibilização:** fenômeno pelo qual exposições repetidas levam a respostas comportamentais intensificadas, mais pronunciadas em adolescentes do que em adultos.

MDMA (êxtase)

O êxtase provoca efeitos negativos consideráveis: confusão, agitação, arritmias, ataques epilépticos, distúrbios do sono, danos hepáticos e cerebrais e pode levar à morte.

Seu consumo compromete a memória de curto prazo e a aprendizagem, além de interferir na produção de serotonina, que é essencial para a regulação do estado de ânimo.

Consequências do consumo adolescente a longo prazo

Persistência de déficits cognitivos

- **Alterações na memória e na aprendizagem:** déficits persistentes na memória declarativa, espacial e de trabalho.
- **Comprometimento das funções executivas:** dificuldades na elaboração de planos, tomada de decisões, inibição de respostas e flexibilidade cognitiva.
- **Impacto acadêmico e profissional:** baixo rendimento escolar, maior taxa de evasão escolar e limitações no desempenho profissional futuro.

Vulnerabilidade a transtornos de saúde mental

- **Maior incidência de transtornos por uso de substâncias:** o início precoce do consumo multiplica de 4 a 5 vezes o risco de desenvolver dependência na vida adulta.
- **Comorbidade psiquiátrica:** aumento do risco de depressão, ansiedade, transtornos do humor e psicose.
- **Alterações na regulação emocional:** intolerância ao desconforto, maior impulsividade, agressividade e dificuldade para lidar com emoções negativas.

Impacto no desenvolvimento social

- **Interferência nas tarefas psicossociais:** dificuldade para completar marcos do desenvolvimento, como a consolidação da identidade, da autonomia e da competência social.
- **Alterações nas relações interpessoais:** deterioração dos vínculos familiares e escolha de amigos com comportamentos problemáticos.

O consumo de substâncias durante a adolescência representa uma séria ameaça ao desenvolvimento cerebral normal, com consequências potencialmente irreversíveis. As evidências científicas acumuladas sugerem que o cérebro adolescente é especialmente vulnerável aos efeitos neurotóxicos de diversas substâncias, podendo gerar alterações estruturais e funcionais que persistem até a idade adulta.

As estratégias de prevenção devem considerar as particularidades neurobiológicas dessa fase, focando em:

1. **Educação embasada na neurociência:** programas informativos que expliquem a adolescentes, pais e educadores os mecanismos de vulnerabilidade cerebral específicos dessa idade.

2. **Detecção e intervenção precoces:** implementação de protocolos de rastreio e intervenção rápida em ambientes educacionais e de saúde.

3. **Fortalecimento de fatores de proteção:** desenvolvimento de habilidades de autocontrole, resistência à pressão social e regulação emocional.

4. **Políticas públicas:** restrição efetiva do acesso a substâncias, regulação da publicidade e criação de ambientes saudáveis para adolescentes.

A abordagem multidisciplinar, que integre os avanços da neurociência no desenvolvimento com intervenções psicossociais adaptadas às características específicas da adolescência, representa a estratégia mais promissora para mitigar o impacto do consumo de substâncias nessa população vulnerável.

CAPÍTULO 8

Crescer assusta

Crescer dá medo?

Pergunto isso em cada uma das minhas palestras e a resposta é um "sim" retumbante.

Crescer assusta porque o novo nos coloca em estado de alerta, e o conhecido nos tranquiliza.

Nas últimas décadas, surgiu um fenômeno particular e perigoso: nossos jovens, para enfrentar o medo que o mundo adulto lhes provoca, construíram "apoios" para crescer.

Esses "apoios" são: consumo de álcool, substâncias psicoativas, tecnologia e telas como refúgio por excelência e uma hipersexualização precoce, com uma sexualidade que acompanha o ritmo dos hormônios, mas não a capacidade de gerir as emoções. A isso se soma, mais recentemente, o surgimento da ludopatia juvenil, com a febre das apostas *online*.

Tudo isso acontece no momento em que nós, adultos, não estamos mostrando que crescer é uma boa opção.

Fatores de risco no caminho do crescimento

Consumo de álcool e substâncias

Os adolescentes não bebem para apreciar uma boa taça de vinho ou um drink em um pôr do sol com os amigos.

Os adolescentes consomem álcool – muito e em pouco tempo – para alcançar rapidamente o efeito de desinibição que a bebida produz. As bebidas alcoólicas tornaram-se um elemento essencial associado à diversão. "Sem álcool, não tem graça", dizem eles. Então, todos bebem. Enquanto isso, os adultos acham que essa é uma batalha perdida... Mas não é.

Eu me recuso a me resignar quando se trata da saúde dos nossos filhos. Hoje, o consumo descontrolado de álcool faz parte dos hábitos de vida dos jovens – em muitos casos de forma um pouco mais moderada; em outros, nem tanto.

Mas não podemos esperar que um adolescente beba com consciência. Seria como pedir a uma criança de três anos, deixada sozinha com um saco de balas, que coma apenas quatro. Não dá. Eles ainda não têm a capacidade de impor limites a si mesmos, e não podemos deixar essa responsabilidade nas mãos dos jovens com um nível de vulnerabilidade enorme.

Dependência digital

"Passei dez dias na Quebrada de Humahuaca, num hotel sem wi-fi. Queria me desintoxicar. Os três primeiros dias foram tremendos, depois me acostumei. Agora, na volta, o difícil é não voltar aos mesmos hábitos."

Confissões de uma garota de vinte e dois anos durante uma conversa para jovens.

Ela não estava indo se desintoxicar de nenhuma substância, isso deixava bem claro.

Estava em busca de um "ambiente controlado" para moderar o vício em redes sociais.

No documentário da Netflix *O dilema das redes sociais*, fica evidente como as grandes corporações – Google, Instagram, Twitter, Snapchat, TikTok e Facebook à frente – utilizam todas as ferramentas do campo da psicologia e das ciências para direcionar, manipular e condicionar os comportamentos e a vida dos usuários.

Uma das frases mais fortes do documentário é: "Apenas dois negócios chamam seus clientes de usuários: o narcotráfico e as redes sociais".

As telas geram dependência, e isso não é novidade.

As empresas utilizam padrões da psicologia (tanto individual quanto das massas) para aprofundar três elementos que surgem com o uso dos aplicativos: compulsão, abstinência e tolerância.

Isso se aplica tanto ao transtorno de dependência quanto ao uso das apps.

1 - **Compulsão:** urgência que surge quando aparece a necessidade de satisfação imediata.
2 - **Abstinência**: mal-estar psicofísico diante da impossibilidade de responder à compulsão.
3 - **Tolerância:** fenômeno pelo qual se torna cada vez mais necessário (seja qual for o objeto da dependência) aumentar a quantidade da substância ou da atividade para alcançar um equilíbrio temporário.

Esses fenômenos ou indicadores podem ser observados tanto em pessoas dependentes do uso de qualquer substância psicoativa (drogas) ou em usuários de redes sociais.

"Papai, essa lanchonete não tem wi-fi, vamos rápido para casa, não tenho sinal!"

O grito desesperado – e posso garantir que cheio de angústia – de um jovenzinho ao pai, há algum tempo, em uma lanchonete de cidade pequena que (como isso é possível?!) não tinha wi-fi!

As redes sociais não são entidades passivas que esperam ser usadas.

Por meio das notificações, das marcações, das sugestões e de outros recursos, elas entram nas mentes e no cotidiano de bilhões de usuários sem pedir permissão.

No documentário, Tristan Harris (ex-diretor de Ética do Google) explica com muita clareza a intencionalidade das redes sociais...

Uma bicicleta é simplesmente uma ferramenta, disponível para ser usada de acordo com seu objetivo: transportar quem a utilize ou para a prática esportiva. É um objeto, não interage, é passivo ao uso que recebe.

As redes sociais não são ingênuas, e o paradoxo é que, quando acreditamos estar fazendo com elas o que escolhemos, são as corporações que nos fazem crer que somos protagonistas, quando, na verdade, estamos sendo direcionados.

"Se você não paga pelo produto, então o produto é você" é uma das frases marcantes que esse documentário nos deixa.

Eles se apoiam, entre outras coisas, na necessidade dos seres humanos de receber estímulos de aprovação dos outros, reforços positivos ao nosso ego que chegam na forma de curtidas, corações e emojis constantemente.

Assim, constrói-se uma autoestima virtual baseada na quantidade de seguidores, repostagens, retuítes e outras ferramentas das corporações.

Ativa-se o circuito de estímulo, recompensa e dopamina até o infinito e além.

Até aqui, a má notícia.

Somos objetos das redes sociais. Corremos o risco de entregar nossa individualidade nas mãos dos engenheiros das corporações e nos transformar em um algoritmo.

A boa notícia?

Podemos desenvolver um **olhar crítico** e fazer um uso saudável das redes e, sobretudo, educar nossos filhos para isso.

Podemos e devemos fazer isso, é necessário, é urgente.

A tecnologia e a paixão se educam:

"E o que você quer que eu faça? As crianças já nascem com uma tela na mão."

"Olha, ainda nem fala e já coloca vídeos sozinho no YouTube."

"Diz para ela te ensinar a mexer nos apps. Olha como ela já sabe mexer no tablet, tão pequenininha, meu amor."

Frases como essas são ouvidas de pais e mães nos últimos anos. E a reflexão, felizmente, é que os bebês não nascem com tecnologia incorporada.

Ser nativos digitais não significa ter acesso precoce.

A acrescento, com convicção: os adultos das gerações atuais têm um enorme desafio: educar os filhos para o uso saudável das redes sociais. O "todo mundo vai", o "todo mundo faz" é o resultado de bilhões de pais e mães que colocam um celular nas mãozinhas do bebê antes mesmo de ele aprender a andar.

Porque todo mundo faz, porque todo mundo tem, e porque é uma "boa maneira" de acalmar a criança e conseguir um pouco de paz.

Treze anos depois, a principal queixa dos pais de adolescentes: "Como controlo a tecnologia com meus filhos? Eles ficam no celular até as 5h da manhã..."

A resposta está nas mãos, não nas mãos dos filhos, mas nas dos adultos que deram a primeira dose de tecnologia quando eles estavam longe de realmente "precisar dela".

A criatividade, a imaginação e a capacidade de brincar dos pequenos vai ficando limitada pela entrada precoce no mundo da tecnologia, e não podemos responsabilizar nem o Google, nem o Instagram e nenhuma grande corporação por isso.

As telas acesas apagam os impulsos vitais as crianças. Elas só têm acesso àquilo que os adultos oferecem. Então, quanto antes saírem da armadilha, maiores são as chances de um uso saudável da tecnologia e de se afastarem do "tão temido algoritmo".

O olhar crítico vai nos permitir diferenciar:

- O desejo genuíno e a necessidade induzida.
- O prazer verdadeiro e a anestesia virtual como remédio para a solidão.

As telas são, por excelência, um refúgio para evitar o sofrimento causado pela solidão (um enorme desafio da pós-modernidade).

O olhar crítico é o que diferencia entre ser um algoritmo, ser zumbis caçando pokémons em tempos de hiperconectividade, ou ser homens e mulheres que escolhem e mantêm sua individualidade.

Como pais e mães, devemos:

1. Educar pelo exemplo.

Faz bem aos nossos filhos a coerência entre o que dizemos e o que fazemos.

E com o próprio uso da tecnologia devemos educar desse lugar.

Se um filho nos fala, olhamos em seus olhos e deixamos de lado qualquer tela que tenhamos nas mãos. Os momentos de diálogo entre pais e filhos são sagrados e fonte da confiança, pilar essencial da relação.

Se queremos que eles leiam, que nos vejam lendo também será um bom exemplo. Às vezes, ler algum livro que possam compartilhar e debater sobre ele pode ser o início de uma prática de grande proximidade.

2. Educar hábitos de leitura, práticas esportivas, artísticas, tudo aquilo que envolva paixão, sem telas ou com eles como trampolim para o mundo real.

3. Acompanhar, por meio do controle parental, os conteúdos pelos qual navegam, principalmente as crianças.

O filtro dos adultos deve estar presente no uso das redes sociais pelos filhos. Se eles ainda não estão preparados para mergulhar nas águas de um ou outro aplicativo, então será uma questão de esperar. Mas os riscos das diferentes redes sociais devem ser considerados e garantidos pela família.

4. Administrar momentos de telas desligadas e olhares atentos.

Criar encontros sem telas, olhar nos olhos e priorizar momentos de compartilhar, de falar, de brincar, de rir...

"Durante o jantar, nada de celulares" e outras regras saudáveis e essenciais – que elas não se percam ou que sejam resgatadas se for o caso.

5. Não antecipar os tempos de entrada nas redes sociais, saindo da armadilha do "todos fazem", "todos têm".

"Cada coisa em seu devido tempo", dizia minha tia, e quanta razão ela tinha!

Celulares, aplicativos e demais questões relacionadas à tecnologia devem chegar quando o bom senso, o critério e o tempo lógico de desenvolvimento assim indicarem, e não porque "todos fazem" ou quando as exigências das crianças nos vencerem pelo cansaço.

Somos responsáveis pela criação de nossos filhos.

As redes sociais são um instrumento maravilhoso quando bem utilizadas.

Quando estamos nas águas do mar e a corrente nos leva, precisamos de uma habilidade especial para não sermos levados para direções que não escolhemos e, em vez disso, nadar e aproveitar o momento.

No começo, isso exige esforço, mas uma vez que essa capacidade é adquirida, tudo flui, desde que tomadas as precauções necessárias.

O mesmo vale para as redes sociais: ambas são habilidades que se treinam e desenvolvem. Em qualquer processo viciante, o objeto do vício vem ocupar um espaço vazio.

Um rapazinho que, anos atrás, tinha sérios problemas com o consumo de cannabis, hoje, depois de muito trabalho interno, tem olhos brilhantes, projetos pela frente, uma carreira universitária e desfruta do amor, me diz o seguinte: "Ale, nem passa pela minha cabeça agora acender um baseado. Não preciso, não faz sentido, minha vida é linda demais para estragar."

O mesmo se aplica ao vínculo com as telas. Nos adolescentes que estão desenvolvendo sua personalidade e construindo seu mundo, elas ocupam um lugar que facilita a resolução ilusória dos conflitos próprios desses anos.

Ou seja, é mais fácil falar pelas redes do que cara a cara. Dessa forma, evitam os compromissos da vida adulta e criam um efeito "Show de Truman", onde tudo é acolchoado.

Portanto, afirmo que educar a paixão é o melhor antídoto para enfrentar o dilema de educar nossos filhos nas redes sociais. Projetos de vida e olhos que brilham são a melhor forma de combater os algoritmos e ser protagonistas da nossa história – nós e nossos filhos.

Hipersexualização precoce

O cobertor curto.

Estamos cobrindo quando deveríamos soltar, e descobrindo quando deveríamos acolher.

"Ale, uma colega da escola me mandou uma foto meio nua, me chamou para ir à casa dela, está sozinha. Os pais viajaram, eu estou com muita vontade, mas tenho medo, um medo enorme...".

Ele levanta 1,50 metro do chão, tem apenas quatorze anos, me pede ajuda no divã e é claro que vai ter. Naquele dia, fui direto do meu consultório para o clube onde ele treina basquete.

Quando eu tinha treze anos, brincava de "Verdade ou desafio", de girar a garrafinha, de dançar lento com os braços esticados e tensos, mantendo uma distância rigorosa do meu par...

Em "Verdade ou desafio", a segunda opção, a do desafio, era um beijo discreto na bochecha, e a boca estava fora de cogitação.

Os corações batiam forte, tanto quanto podiam, e os rostos suados.

Estávamos saindo do horror da ditadura, a nudez dos corpos era algo proibido, as revistas eróticas (pornografia, então, nem se fala) vinham cobertas por sugestivos plásticos pretos.

Brincávamos nas festinhas de garagem (os meninos levavam bebidas e as meninas, pratos doces e salgados).

Brincávamos de nos descobrir, em nosso tenso e calmo erotismo ingênuo, exultante e cheio de medo. O fantasma do HIV rondava, eram tempos difíceis (quais não são?) para crescer...

Bem-vinda, democracia, bem-vinda...

Os jovens de hoje já não brincam de "Verdade ou desafio", nem de garrafinha, os corpos nus em todas as suas variantes podem ser vistos nas redes sociais.

Os jovens "brincam" sem nenhuma ternura e longe da inocência, muitas vezes, beirando o horror... A despersonalização do encontro íntimo com o outro me entristece profundamente, digo isso de verdade.

Os adolescentes de hoje – e me corrijo – não brincam; vivem um "como se" fossem adultos, mas não com a doçura de um "vamos tomar chá como a mamãe e a titia?".

Não. Colocam em cena o lado mais cru de uma vida adulta sem pudor, sem limites, sem tabus. Pulam dos carrinhos e das bonecas de forma vertiginosa, sem fim e sem sentido.

Em muitos casos, vão dando os primeiros passos da sexualidade com um corpo pronto, mas com a mente ainda distante, muito distante, do que estão prestes a viver.

Correm no ritmo dos hormônios, mas ignoram o tempo da maturação emocional.

Sigmund Freud, criador da psicanálise, dizia: "Um bebê recém-nascido é puro princípio de prazer, satisfação imediata".

Fome que provoca choro: seio materno; sono: braços que embalam; cólica: mãos que acariciam.

À medida que crescemos, instala-se o princípio da realidade. Aprendemos (ou deveríamos aprender) a esperar para atender nossas urgências: sono, fome etc.; e isso, é claro, deveria incluir o desejo sexual.

Nesta cultura do imediatismo, que estimula a urgência e vende a utopia da satisfação instantânea como regra, o resultado é: crianças guiadas apenas pelo princípio do prazer, com zero tolerância à frustração e nenhuma capacidade de esperar.

Se sinto vergonha ou sou tímido, então bebo, e imediatamente me desinibo.

Se a excitação sexual vira urgência, então é preciso resolver rápido (não mais com a autossatisfação típica do início da adolescência, mas com encontros sem afeto, vividos no ritmo do frenesi).

Os jovens estão brincando com riscos que desconhecem.

Para além da gravidez claramente indesejada, do contágio por infecções de transmissão sexual e HIV, entre tantos outros riscos, o que fica exposto, além dos corpos, é a inocência.

Quem fica desprotegida é a mente desses meninos e meninas que seguem os desígnios dos impulsos hormonais e as pressões do grupo (e da cultura), sem ter ferramentas para processar o que estão vivendo.

Meninas que oferecem sexo oral em troca de bebidas nas baladas, a virtualidade funcionando como vitrine; e o encontro entre corpos, muitas vezes, se reduz a uma mera satisfação física.

Inconsciente coletivo, o rico de viver sem entender...

Na viagem de volta das férias, na estrada, os pais à frente no carro, as crianças atrás.

Josefina, de nove anos, acorda e começa a cantar, alto, com vontade, com sentimento:

— Eu gosto bem grandes, que nem caibam na minha boca — canta, gritando e dançando animada.

O pai dá um pulo, encosta o carro no acostamento e grita, quase hiperventilando:

— O que você está cantando? Você sabe o que está dizendo??

Claro que a pequena não entendia nada do que cantava, mas, como um papagaio, repetia um dos sucessos do verão...

O pai sentia muita falta da Xuxa, do Sítio do Picapau Amarelo e dos divertidos Balão Mágico e Turma do Castelo Rá-Tim-Bum...

Já mais calmo, e com os batimentos restabelecidos, o pai finaliza:

— Quando você tiver quinze anos, meu bem, vai ser assim: muito amor e sanduichinhos de pão de forma. Muito amor, porque papai sempre vai te amar muito, e sanduichinhos de pão de forma, porque é isso que vai passar debaixo da porta. Você não vai sair para nenhuma parte! — ele explica, diante do olhar inquieto da menina.

Assim começa hoje, muitas vezes, a entrada dos nossos jovens na sexualidade: saturados de sensações para as quais ainda não sabem dar nome, porque, repito, o corpo está preparado, mas as cabecinhas, não.

Os tempos são peculiares e contraditórios: os jovens costumam ficar presos em lugares dos quais deveriam sair para crescer, e entram cedo demais em situações para as quais ainda não estão preparados. Um excesso de erotismo que não conseguem decodificar.

O avanço tecnológico e sua presença no dia a dia são estímulos que impactam a subjetividade dos jovens, gerando altos níveis de exposição pessoal. As redes sociais viram espaços de interação muitas vezes indiscriminadas, onde expõem corpos e almas. A possibilidade de compartilhar experiências parece não ter limites.

Em tempos de vertigem virtual, os processos são atropelados pela ansiedade da satisfação imediata.

É tarefa dos adultos ajudá-los a sincronizar hormônios e tempos emocionalmente saudáveis.

Vídeos íntimos de adolescentes circulando na internet, gravidez indesejada, transtornos de imagem e identidade corporal, relações afetivas frágeis – são apenas algumas das consequências.

O início das diferentes fases do desenvolvimento tem sido acelerado, mas a saída das etapas finais se atrasa de forma preocupante. A adolescência, em especial, tem se prolongado, e os processos de crescimento, construção de projetos econômico-afetivos e demais vínculos com o mundo adulto vão sendo adiados e dificultados.

A ansiedade de muitos pais por ver concretizada uma sexualidade plena e efetiva (especialmente em relação aos filhos homens) já levou, em outras épocas, a incentivar a iniciação sexual com prostitutas. Hoje, o ritmo frenético e a hipersexualização fazem esse papel, de forma tão tóxica como aqueles velhos costumes, na minha visão, pouco saudáveis.

Devemos ajudar os jovens a alinhar corpo e mente, para que o encontro sexual seja entre duas pessoas, e não entre dois corpos que se conectam só pelo impulso hormonal, quase de maneira animal.

Sempre repito: precisamos dar referências claras. Os jovens dão sinais, fazem perguntas e precisam que, a partir das funções paterna e materna, deixemos marcos ao longo do caminho para que se tornem verdadeiros protagonistas de suas histórias e não apenas repitam o que o momento impõe.

Que não deem passos maiores do que seus pés.

Ludopatia juvenil

Nos últimos tempos, instalou-se também uma nova problemática: os adolescentes brincando de ser banqueiros e apostando em sites de jogos *online*.

Os mesmos jovens muitas vezes criam grupos de apostas no WhatsApp, por meio dos quais acabam entrando no caminho da ludopatia. Um trajeto perigoso que devemos abordar com urgência.

Os sinais de alerta que pais e adultos podem e devem observar são:

- os jovens passam ainda mais tempo diante das telas;

- o dinheiro das carteiras digitais não é usado para alimentação, e muitas vezes acontece terem mais fome ao chegar em casa;

- se isolam, como se estivessem escondendo algo que claramente não podem mostrar;

- apresentam sinais de agitação fora do habitual.

As dependências existem desde que o mundo é mundo; no entanto, nestes tempos em que a cultura do imediatismo se alia aos transtornos aditivos, em que acabamos maltratando nossos filhos ao dar tudo o que pedem (tentando evitar que sofram, e com isso gerando um excesso perigoso de conforto), precisamos estar especialmente atentos. E o antídoto, a vacina, nada mais é do que a gestão dos vínculos com nossos filhos.

Ferramentas

Exercitemos, como pais, o uso do NÃO.

Digamos NÃO aos nossos filhos para aquelas coisas que merecem e precisam de cuidado e limite.

E os ensinemos que eles podem dizer NÃO quando precisem, como um escudo ou freio diante da pressão de colegas, entre outras situações.

Conversemos sobre sexualidade com eles.

Hoje, eles têm acesso a uma quantidade enorme de informações pelas redes sociais, mas cada geração parece saber um pouco menos sobre o que realmente tem que saber.

Sobre liberdade, sobre prazer com responsabilidade, disso eles sabem muito pouco.

É o essencial, e pode ser ensinado.

Respondamos às perguntas deles sem medo, mesmo àquelas

que não sabemos. Nesses casos, podemos dizer que vemos buscar a resposta em fontes sérias e confiáveis (nem Wikipedia nem Google, por favor) para tranquilizar suas inquietações.

Vamos perder o medo de que sofram, ou de que não tenham aquilo que querem AGORA. Ensinemos a espera, a frustração.

Não se trata de trazer de volta os bailinhos de "música lenta" ou o jogo "Verdade ou desafio", mas sim de abandonar a tepidez e educar nossas crianças. Vamos fazer de cada criança um ser livre, plenamente livre.

Que desfrutar da vida e da sexualidade com plena responsabilidade.

CAPÍTULO 9

Ferramentas para um vínculo saudável

Sinto preocupação pelos nossos jovens.

Não os estamos acompanhando como eles precisam. Estamos deixando-os sozinhos.

Os adolescentes de hoje não são tão diferentes dos de 30 anos atrás. O que mudou foi o contexto, e a forma como os enxergamos e compreendemos.

Esses jovens são o reflexo de uma geração de pais e mães amorosos, mas excessivamente brandos, com enorme dificuldade de impor limites, que, por sua vez, são filhos de uma geração de "pais de sobrancelha levantada", daqueles que bastava olhar para a gente, e já sabíamos o que tínhamos que fazer.

Os jovens de agora são filhos de pais e mães cheios de culpa. Pais e mães com uma grande dificuldade de impor limites. E o limite é amor, é cuidado, é penitência.

Sem limites, deixamos nossos filhos despreparados para entrar no mundo adulto.

E o resultado?

Transtornos de ansiedade, depressão, consumo de álcool e substâncias, excesso de tecnologia, dependência de telas, apostas *online*, busca constante por dopamina, sexualidade precoce, ideação suicida e suicídios consumados.

Quero dizer como ideia principal...

Os tempos mudaram, a essência é a mesma.

Nossos jovens precisam de nós.

Firmes e amorosos.

Os adolescentes se consideram imortais.

Não calculam riscos em muitos casos.

Por isso vivem, muitas vezes, no limite, bebem até o limite, desafiam, e é o trabalho deles.

O nosso é protegê-los.

O ser humano vive em constante tensão entre o princípio do prazer e o princípio da realidade.

Isso é o que desejamos e o que temos que fazer.

As coisas nem sempre são como queremos.

E amadurecer faz parte disso.

Temos que escolher se vamos continuar funcionando como uma sociedade infantilizada ou se vamos dar o passo e crescer.

Se a consciência moral e o dever dos adolescentes não é suficiente, é aí que nós, adultos, devemos estar para regular.

Há muito a ser feito, e é possível fazer.

Pais e mães precisam se apoiar, criar redes, sair da paralisia e assumir as rédeas de forma firme e amorosa nestes tempos.

É hora de sair da armadilha do "todo mundo vai, todo mundo faz".

E isso se rompe com:

- responsabilidade individual;
- coerência de cada família e cada casa;
- compromiso e responsabilidade social.

Fatores de proteção para uma adolescência saudável

Antes de começar a enumerar e desenvolver cada um dos fatores de proteção, gostaria de dizer algo realmente importante.

Educamos primeiro pelo exemplo. É improvável e quase impossível exigir que um adolescente saiba lidar com suas emoções se nós, adultos, não sabemos fazer isso.

Proponho também que comecemos a olhar para nós mesmos e ver o que temos que mudar e melhorar para ser um modelo, o exemplo dos nossos filhos.

Como pedir que não batam a porta se nós mesmos socamos a mesa ao ver uma nota baixa? Como exigir que se comuniquem com calma e clareza se gritamos por frustração ou impotência? Como ensinar o sentido da responsabilidade e a tomada de decisões se não repensarmos nosso comportamento em algumas oportunidades, como consumir bebida alcoólica em um aniversário e voltar dirigindo?

Para sermos faróis, para ser exemplos, convido você a refletir sobre que tipo de pais estamos sendo e o que precisamos mudar ou melhorar.

1. Gestão das emoções

A gestão das emoções é um dos fatores mais importantes de proteção para viver a vida.

Atualmente, muitas pessoas falam sobre esse tema. Agora...

O que é inteligência emocional e gestão das emoções?

Segundo Salovey e Mayer, inteligência emocional é a capacidade de perceber, compreender, lidar e utilizar as emoções de maneira adequada consigo mesmo e com os outros. Ou seja, implica não apenas reconhecer o que sentimos mas também usar essas emoções para tomar melhores decisões, nos relacionar bem e resolver conflitos de forma saudável.

Educamos não apenas com palavras, mas com o que nossos filhos veem em nós.

Eles aprenderão a ficar tristes se permitirmos que essa emoção passe por suas vidas sem bloqueá-la.

Como pai, sei que ensinar a sofrer é uma das tarefas mais difíceis que temos pela frente. Que nos vejam tristes se estivermos tristes. E que demos permissão para que eles também possam estar.

Nós, pais, temos o impulso de conter e acalmar o sofrimento dos filhos: "Não fique triste." Não existem emoções boas ou ruins, o que é bom ou ruim é o que fazemos com elas.

Uma menina de 6 anos brinca feliz na praça.

A mãe a observa com ternura e avisa:

— Mais um pouquinho, tá? Cinco minutos e vamos embora. Tenho que preparar o jantar.

— Obrigada, mamãe — diz a menina com seu melhor sorriso.

Os minutos passam. A mãe olha o relógio e chama novamente:

— Meu amor, já se passaram os cinco minutos. Vamos.

Mas a menina não se move.

Está em cima da gangorra, como se a praça fosse seu reino.

E aí começa a cena: uma menina resistindo com toda sua energia e uma mãe que, embora tente manter a calma, vai ficando ansiosa e irritada.

— Vamos agora — repete, mais firme.

O que vem depois poderia ser contado como outro conto.

O que aconteceu foi que, em meio ao impasse, a mãe teve uma crise de angústia. Uma mistura de impotência, cansaço, medo e raiva. E, a partir desse lugar, reagiu.

A menina ficou parada. Olhou para ela com os olhos arregalados.

Segurou a bochecha e disse baixinho:
— Desculpa, mamãe. Vamos.

Eu estava por perto. Tinha meu registro profissional, sim, mas não podia – nem queria – intervir.

O que vi foi uma cena humana, crua, incômoda, familiar. A mãe, sem querer, abafou a pirraça.

E, sem saber, também ensinou algo: que mostrar rebeldia pode ter um preço. Que ficar brava pode assustar. Que às vezes o outro não tem as ferramentas para sustentar o que sentimos.

Mas isso... isso deixa uma marca. Porque quando as emoções da infância são abafadas, não desaparecem: ficam arquivadas. E, mais cedo ou mais tarde, voltam.

Aprender a autorregular nossas emoções e ajudar nossos filhos nessa tarefa é fundamental para construir relações saudáveis, fortalecer os vínculos familiares e formar pessoas emocionalmente seguras. Quando um adulto lida adequadamente com suas emoções, ele se torna um modelo para seus filhos, mostrando que não se trata de reprimir ou reagir, mas de reconhecer, gerir e responder.

2. Limite da frustração

Limite de frustração é ensinar que as coisas na vida nem sempre são como queremos.

É permitir que aprendam a esperar e favorecer essa espera.

Muitos anos atrás, quando a moeda do meu país ainda tinha algum valor, um paciente de 7 anos pediu aos pais um videogame. Os pais tinham condições financeiras para comprar, mas, com muito bom senso, decidiram dizer: "Vamos fazer um corte nesta garrafa de plástico (costume da época para juntar moedas) e, quando chegar aqui" – mostrando uma linha marcada com caneta hidrocor – "a gente compra o videogame".

Depois de economizar por um ano e dois meses, a felicidade daquele menino ao finalmente ter o videogame nas mãos foi simplesmente maravilhosa.

Nesse ato educativo, ele aprendeu que muitas vezes, na vida, é preciso esperar. "Demora a chegar, mas no fim há recompensa", cantava Gustavo Cerati, e muitas vezes é assim mesmo.

Limite de frustração é escolher quais batalhas lutar no caminho da criação dos filhos. É deixá-los correr riscos saudáveis, permitir que errem, entender que, mesmo querendo, não conseguiremos evitar seu sofrimento.

Limite de frustração é não sair correndo para resolver os problemas que aparecem. E também é lidar com a nossa ansiedade.

Construir esse limite é suportar o próprio desconforto quando resolvemos as questões dos nossos filhos só para não enfrentar nossos processos emocionais.

Se, como pai, fico ansioso porque meu filho não faz a lição de casa, e eu acabo fazendo por ele, o que consigo é aliviar minha ansiedade à custa de não o ensinar que nossas ações têm consequências.

Muitas vezes, o remédio é pior do que a doença, porque a ausência de limite de frustração é terreno absolutamente fértil para transtornos de ansiedade, quadros depressivos e enormes dificuldades na gestão das complexidades da vida cotidiana.

3. Sentido de responsabilidade

Sentido de responsabilidade é ensinar aos seus filhos que o que fazemos tem consequências.

É educar com amor. A responsabilidade não se transmite com sermões longos e chatos, mas com situações concretas. E todos esses elementos que descrevo neste capítulo estão perfeitamente interligados.

Limite de frustração e sentido de responsabilidade são quase irmãos.

Convido você a um exercício de imaginação: se num domingo seu filho tem prova no dia seguinte, mas está jogando videogame em vez de buscar o material para estudar e você, como mãe ou pai, sai para buscá-lo gritando "a única coisa que você tem que fazer é cuidar da escola, e sou eu quem está fazendo por você" e blá-blá-blá, provavelmente ele vai olhar você da cama com cara de "minha mãe não entende nada, eu estou fazendo algo realmente importante" e continuará jogando. Você, hiperventilando, resolve por ele sabendo que está fazendo errado, mas sem conseguir evitar.

Pão para hoje, fome para amanhã.

4. Capacidade de decisão

Educar a capacidade de decisão é entender que, no axioma das escolhas, algo fica de fora e algo fica dentro. Decidir é somar e subtrair, é ganhar e perder, é entender que não se pode ter tudo.

Os pais precisam transmitir isso e, ao mesmo tempo, liberar certos aspectos nos quais os filhos poderão de fato decidir, e outros nos quais serão os adultos que tomarão a decisão.

Como premissa básica, não deveríamos delegar aos nossos filhos conflitos mais complexos do que eles podem administrar.

Eles podem decidir que roupa vestir, ainda que não combine (digo isso já sabendo que essa afirmação é polêmica).

Podem decidir com o que brincar, desde que não se machuquem.

Podem decidir se querem ir ou não à casa da tia quando têm 13 anos ou se preferem fazer um programa com os amigos.

Podem até decidir se vão ou não estudar para uma prova. Se não estudarem, terão consequências (não castigos) e aprenderão que tudo o que fazemos na vida tem consequências. Mas não podem decidir ir a uma festa onde haverá consumo indiscriminado de álcool. E não podem porque ainda não desenvolveram plenamente o córtex pré-frontal do cérebro, entre outros fatores.

Não podem decidir experimentar uma substância só porque "todo mundo faz", nem ficar acordados até as três da manhã numa quarta-feira jogando *online* porque "todos os amigos estão". Mais uma vez, o limite firme e amoroso como fator de proteção, que cuida, protege e provê. Saber decidir de forma saudável é uma das habilidades de difícil construção e maior aproveitamento na vida adulta.

CAPÍTULO 10

Redes de famílias, o antídoto para a falta de sentido

Quatro letras têm o começo da solução para o problema do consumo de álcool e drogas entre nossos jovens.

Quatro letras têm o que nós, adultos, como corpo social, devemos fazer frente aos males do nosso tempo:

R E D E

... ou REDES, se quisermos ser generosos e usar cinco letras, porque quatro ainda não são suficientes.

E me pergunto: é autoritário afirmar que não podemos nos resignar diante dessa situação e desse contexto com nossos meninos e meninas? E dizer, com firmeza, que não negocio a saúde dos nossos jovens e afirmar que eles não devem consumir álcool e drogas da maneira como o fazem (ou de forma nenhuma)?

Muitas vezes me acusaram de ser fundamentalista nesse ponto, e lamento pelas acusações, mas é aqui que eu me posiciono.

Será extremista pensar que podemos e devemos fazer muito mais do que estamos fazendo a respeito?

Uma mãe me contou que organizaram um comitê de UPD (último primeiro dia de aula do Ensino Médio) com pais e mães da escola para negociar com seus filhos e filhas as condições da comemoração.

Como se fosse uma delegação para negociar a paz no Oriente Médio, só que, no lugar dos chefes de Estado, garotos de 17 anos impondo suas condições aos pais sobre como querem começar o último ano escolar.

E eu me pergunto: é sério isso?

Hoje em dia, os jovens têm poder de ameaçar os adultos com um "se não tiver bebida alcoólica, eu não vou à festa de 15 anos". E a família da aniversariante fica refém da situação. Ou seja, se não ceder às exigências dos amigos da filha, ela fica sem festa.

É sério isso?

Recentemente, na Argentina, houve uma série de tuítes de professores expressando sua legítima indignação diante da celebração do início do último ano escolar.

Mas o ponto central é este: nas minhas conversas com famílias, quando pergunto quem concorda que os jovens consumam álcool e distintas substâncias psicoativas, ninguém levanta a mão.

E estou falando de 100, 200 ou 500 famílias.

Os professores também não concordam.

O Estado se cala, e não me refiro a um governo específico, mas ao Estado em geral.

Imagino que a força de voto dos jovens renda mais do que pensar na saúde deles.

Caso contrário, não consigo entender por que não há campanhas consistentes de prevenção, nem fiscalização efetiva da proibição de venda de álcool a menores.

Então, se ninguém concorda... por que seguimos fazendo de conta que está tudo bem?

Se nós, adultos, saíssemos do estado de resignação, parássemos de encolher os ombros como se fôssemos espectadores de uma série, talvez nossos jovens agradecessem por isso.

Há alguns anos, no auge da pandemia, fui chamado por uma escola no Equador. Eles estavam preocupados com vários casos de coma alcoólico entre os alunos.

Durante uma reunião *online*, o filho de um casal que participava da conversa passou ao fundo da câmera.

Chamei-o para participar e expliquei que estava tentando ajudar a comunidade escolar a enfrentar o problema do consumo de álcool e drogas entre os jovens.

Ele me disse que as coisas haviam saído do controle, que a princípio ficariam bravos, mas depois entenderiam que precisavam ser protegidos. Ou seja, os jovens iam agradecer, e muito.

Eles pedem ajuda. Buscam limites. Continuam sendo meninos e meninas indefesos, assustados, porque crescer dá medo.

E, como dá medo, eles se refugiam no prazer imediato, na satisfação instantânea, via substâncias, telas, curtidas e sexualidade precoce.

Dá para entender?

É mais simples do que parece. Acreditem.

Acho que as redes são a fórmula para cuidar de nossos jovens.

> Justamente porque amo você, é NÃO.
> Mesmo que doa, para proteger você, para que você entenda que as coisas na vida não se conseguem aos gritos, nem com ameaças nem fazendo birra.
> Porque amo você, porque cuido de você, desta vez, meu amado filho, é NÃO. (Schujman, 2020)

Muitas vezes, ao falar em construir redes, as famílias me dizem: "Ale, eu concordo, mas quando busco apoio entre os pais da escola, recebo evasivas. Ninguém quer deixar os filhos de fora. Me sinto sozinha com esse problema.".

E aí está a armadilha do "todo mundo vai", "todo mundo bebe", "todo mundo fuma".

Mas, no íntimo, a maioria quer mudança, só que ninguém se atreve a ser o primeiro.

Dou um exemplo.

Ontem, estava em uma van por ocasião de uma viagem que estou realizando estes dias. Durante um congestionamento, um grupo de passageiros ouvia música alta pelo celular, sem fones de ouvido.

A música estava muito alta. E eu tentava me concentrar para ler um livro.

Não era uma música, mas várias.

Após um tempo prudencial, pedi educadamente: "Poderiam abaixar o volume? Não estou conseguindo ler.".

Éramos 15 pessoas na mesma situação e, quando descemos, várias se aproximaram e me disseram: "Ainda bem que você falou. Estava insuportável aquele barulho!".

Dá para entender? Quem joga a primeira pedra? E, no caso dos nossos filhos, proponho que seja cada um de vocês.

Construir acompanhamento: o desafio

- Façamos pequenas alianças saudáveis, uma rede de quatro famílias já é um começo.
- Ofereçamos alternativas saudáveis diante da negativa e do limite.
- Envolvamos as autoridades escolares. Quanto maior a rede, mais efetiva ela será.
- Incentivemos projetos saudáveis (esportes, artes), que são o melhor caminho para que esse tipo de situação pese menos.
- Tenhamos conversas com nossos filhos expondo a situação, sem abusar do recurso do diálogo.
- Lembremos que "nossos filhos não nos ouvem o tempo todo, mas não deixam de nos observar".
- Façamos (isso é fundamental) um bloco de adultos dentro de nossas famílias.

Muitas vezes, as tentativas de impor limites a essas situações são sabotadas pelos próprios membros da família que acabam "tomando o partido" dos adolescentes.

Mais uma vez, quando são crianças, na hora de tirá-las do âmbito da curiosidade ao querer colocar os dedinhos nas tomadas, ninguém pensa: "Todas as crianças são curiosas, que experimente, afinal tenho disjuntor...". Se não fazemos isso naquela época, não devemos fazer agora, justamente quando mais precisam de nós, no momento de decolar para entrar no mundo adulto. Construir redes, essa é a solução. E aqui se aplica mais do que nunca o "difícil, mas não impossível".

Vamos fazer alguma coisa ou vamos continuar apenas olhando?

E essa não é a primeira vez que me faço essa pergunta.

Falo da maneira como estamos acompanhando nossos jovens no caminho do crescimento.

A saída da pandemia – a meu ver (e ao de muitos) – foi apressada pelos tempos eleitorais.

Adolescentes saindo de dezenove meses de isolamento com toda a fome de revanche.

Adultos amorosamente brandos, Estado absolutamente ausente há várias décadas.

Ombros encolhidos de pais e mães:

"O que podemos fazer? As coisas são assim agora..."

Há alguns anos, escrevi um artigo com o seguinte título:

"Os jovens flertam com a morte com autorização assinada pelos pais"

Meu filho Santi, sempre muito crítico, na época com 17 anos, me disse:

"É meio exagerado esse título, você pegou pesado."

Eu respondi que não, e hoje voltaria a escrevê-lo exatamente com as mesmas palavras.

Durante a pandemia, trabalhei com muitos grupos de jovens (formandos de 2020), nos quais o álcool e o confinamento eram alguns dos temas de debate e reflexão.

Dois grandes grupos:

- O primeiro, daqueles que reconheciam, com certo espanto e até um pequeno alívio, que não sentiam falta do consumo de álcool, mas sim dos encontros com os amigos, das festas, e não da bebida.

- E outro grupo que, apoiado na rebeldia e na cultura do imediatismo, organizava "prévias" sem motivo, em suas casas, cada um diante de sua tela, e bebiam.

Desenfreadamente, fazendo brincadeiras de desafiar limites: "eu nunca" e "verdadeiro ou falso" adaptados ao etílico, e outros tipos de jogos.

Fiquei sabendo de três casos de coma alcoólico durante esses jogos na pandemia. Obviamente, isso acontecia enquanto os pais assistiam à Netflix no quarto, e o álcool era comprado com o dinheiro dos próprios pais, já que jovens de 15 e 16 anos não costumam trabalhar.

Estou falando de jovens da classe média, que vivem com suas famílias, vão à escola e têm medo de crescer.

A realidade de jovens em estado de vulnerabilidade é assunto para outro livro.

Vamos fazer alguma coisa ou continuar apenas observando?

Encontrei em um site um guia de jogos "divertidos" para beber com amigos, que diz o seguinte:

> Neste artigo, mostramos uma seleção dos melhores jogos para beber, que vão garantir que vocês se divirtam muito: jogos para beber com cartas, jogos para beber *online*, jogos para beber em casal e muito mais!

E confesso uma coisa: às vezes me sinto quase como um justiceiro solitário clamando por essas questões.

Existem até jogos de tabuleiro criados e à venda para estimular o desafio do *shot*.

O que me tranquiliza (ou talvez nem tanto) é que, nas conversas com pais e mães, todos concordamos. Por algum motivo, ou vários, eles não estão conseguindo colocar em prática aquilo em que acreditam. Por isso eu volto a escrever, uma e outra vez.

Há duas semanas, fui dar uma volta pelo bairro de Palermo, na cidade de Buenos Aires. Uma região cheia de bares, restaurantes e muita juventude.

Fiquei surpreso, e muito triste, ao ver a quantidade de jovens completamente intoxicados.

Eles me preocupam, e alerto para ver se, dessa vez, fazemos alguma coisa.

Nada mudou nos últimos anos; ou melhor, mudou sim.

O consumo de álcool entre os jovens está cada vez mais naturalizado.

O consumo recreativo de *cannabis* também.

Do Estado, nada; dos pais, muito pouco.

Semanas atrás, enquanto dava palestras em Mendoza, me procurou um grupo de mães preocupadas com seus filhos de 14 anos, que haviam começado a consumir álcool.

Sugeri que elas formassem uma rede de famílias, com a minha orientação, e é nisso que estamos trabalhando agora.

Há coisas a fazer, há muitas coisas a fazer.

Podemos continuar apenas assistindo ou podemos deixar a passividade para outras questões que não envolvam a saúde dos nossos filhos.

Porque é disso que se trata, no fim das contas.

Fico preocupado ao ver tantos meninos e meninas com tristeza acumulada desde a pandemia.

Preocupa-me a inação das famílias.

Preocupa-me a ausência do Estado.

Como pai e como profissional da saúde mental, isso me preocupa, e é por isso que escrevo este livro: o "não" como um meio de alerta e uma tentativa de despertar vontades.

Quando dou palestras para estudantes, costumo perguntar se há alguém no grupo que já tenha tido um coma alcoólico.

Eles se olham e riem, os olhares sempre se voltam para algum deles em particular. Há cumplicidade entre o grupo, exceto em três ocasiões, em diferentes estados do país e em diferentes momentos.

Diante da pergunta, o silêncio. E, nessas ocasiões, duas amigas começam a chorar e se abraçam, enquanto em outra escola é um grupo de meninos que desaba.

Contam, então, que dois meses antes uma garota havia falecido por causa do consumo de álcool.

Em outro caso, um acidente fatal com três adolescentes mortos: o motorista dirigia sob efeito de substâncias.

Em nenhum dos casos as autoridades escolares fizeram algum alerta.

Então digo aos estudantes: a diferença, diante dessa pergunta, entre o riso e o choro, é se vocês perderam um amigo ou não, se estão chorando em grupo uma morte que poderia ter sido evitada ou não.

Então, vamos fazer algo ou continuar observando?

Bate-papos de mães e pais

Uma das invenções mais complexas da pós-modernidade é:

— Alguém viu o moletom do Rafa no clube? – pergunta a mãe de Rafael, claro.

— Eu não.

— Não vi.

— Dou uma olhada quando levar o Enzo.

— Vou preguntar na entrada.

— Também não vi.

E mais 32 mensagens.

No meio disso, o pai da Gabi lembra que amanhã vence a parcela da viagem de formatura.

Mais 43 respostas e perguntas.

— Não era no mês que vem o adiantamento?

— Já veio o ajuste da parcela? Porque haviam dito que iam congelar... Quando vai ser a reunião?

E o moletom do Rafa que não aparece...

E a comunicação assertiva e saudável muito menos.

— Grazi, Pati... tem mais alguém de sagitário?

148 mensagens não lidas.

Opção 1: silenciar o grupo e perder algo importante.

Opção 2: fazer uma meditação profunda e aceitar que as coisas são assim mesmo.

A explicação, nesses casos, é que entra em jogo o princípio da ansiedade e a necessidade de resolver tudo imediatamente.

Não lemos, não prestamos atenção, todos escrevemos ao mesmo tempo – a própria vida num único espaço virtual.

Uma professora universitária pedia ao seu grupo de alunos: "Eu sei que vocês são muito gratos, mas toda vez que eu mando algum material, não são necessárias 60 mensagens de 'obrigado, prô'".

Assim como no exemplo anterior, em um grupo de famílias de uma escola discutia-se o destino da viagem de formatura: Cancún ou Porto Seguro.

Um grupo de adolescentes submetidos às disputas de ego dos pais.

O clima ficou tenso:

— Que os alunos votem.

— Eles não decidem, quem paga somos nós.

— Vamos criar uma comissão mista e fazer uma assembleia.

— Que cada um vá para onde quiser e que sejam feitas duas viagens.

— Deixem de encher — escreveu alguém.

Até que, mais uma vez, mensagem no grupo errado e um sincericídio escancarado:

— Essa tonta da Marcela está complicando tudo, e a mãe da Jennifer é uma máquina de encher o saco.

— Oiii??? — responde Marcela, ao ler a ofensa.

— Me desculpa se ofendi você, mandei no grupo errado, perdão de coração — chega a resposta.

Irreparável. E essa história ficou como lembrança daquele grupo de formandos, hoje já universitários.

Foi a mãe da Jennifer quem me contou isso. Levou na esportiva, reconhecendo que, sim, ela exagera às vezes.

Mas, nesses casos, quero lembrar uma máxima que nós, adultos, não deveríamos esquecer. Quando agimos assim, ensinamos que as coisas devem ser ditas pelas costas, que não há respeito pelas diferenças, que o bom trato não faz parte das normas da casa.

Vamos pensar, só pensar, e depois agir.

Há muito a ser feito, e é possível.

As meias são para os pés, não para a postura que adotamos diante da saúde dos nossos filhos.

Pais e mães precisam formar redes, sair da perplexidade e assumir as rédeas com amor e firmeza nestes tempos.

Sair da armadilha do "todo mundo vai", "todo mundo faz".

E essa armadilha se rompe com:

- responsabilidade individual;
- coerência de cada família e cada lar;
- não negociar quando se trata de saúde (não só dos filhos, mas de toda a população afetada);
- compromisso e responsabilidade social.

Uma escola da região sul da Grande Buenos Aires me chamou após a iniciativa de um grupo de pais e mães que queria formar uma rede de famílias.

Eles conseguiram. E o resultado foi que, no ano seguinte, a festa de formatura aconteceu no espaço da própria escola, com professores e famílias presentes, sem álcool, claro, e com estudantes se divertindo sem correr riscos.

Parece mentira, não é?

Mas aconteceu. Minha frase favorita.

Isso vai mudar no dia em que tomarmos consciência, ou como resultado de alguma tragédia, que, se continuarmos assim, não vai demorar a chegar.

Aposto e convoco autoridades e pais a retomar as rédeas que perdemos como corpo social.

É urgente, é possível, e não estamos fazendo.

Somos responsáveis. Estamos deixando nossos filhos sozinhos.

Vamos fazer alguma coisa ou continuar apenas olhando?

CAPÍTULO 11

Eu escuto você (perguntas dos pais, perguntas dos filhos)

Abri uma caixa de perguntas nas minhas redes sociais para consultar os pais quais eram suas preocupações em relação aos adolescentes. Fiz uma seleção daquelas que somam e dialogam com o conteúdo deste livro.

1. Como os avós podem ajudar quando os pais dão liberdade demais para os adolescentes?

O entorno mais próximo pode ter uma influência importante no cotidiano dos adolescentes. Muitas vezes, pai e mãe não conseguem "colocar o rabo no burro" – fazendo referência a uma brincadeira infantil – e é o próprio entorno que acaba normalizando a situação. Em geral, a norma diz que os pais estão para educar os filhos e os avós, para mimar. Mas vemos com frequência que os pais estão numa posição de desorientação e dúvida. E, na minha visão, são muito bem-vindas as contribuições que o entorno mais próximo (e aqui incluo tios e amigos) possa acrescentar.

2. Como continuar sendo pais e não detetives na adolescência?

Lembre-se do "perto para cuidar e longe para não sufocar". O vínculo se constrói com o diálogo, a confiança e o prazer. O trabalho está em conseguir se posicionar de um lugar que, sem invadir, coloque os limites necessários. Se você perceber que há algum risco real, com base no critério e no bom senso, e não na ansiedade ou no medo, então é hora de colocar um limite.

E colocar limite é dizer não, sem medo da raiva do seu filho, do "castigo" emocional ou da manipulação.

Se ele manipula e ameaça se machucar, então você deve buscar ajuda profissional para avaliar se a ameaça é apenas uma estratégia para que você retroceda em suas decisões, ou se realmente existe um risco certo de autolesão. Em qualquer um dos casos, você precisará saber como agir.

3. Por que há tantos adolescentes desinteressados, apáticos, deprimidos, sem vontade?

A apatia é uma característica própria da adolescência. Eles passam de ficar quatro horas jogados no sofá, em um estado absolutamente inerte, para um período de excitação em ritmo desenfreado. A ambivalência também é um estado típico da adolescência: passam de um extremo ao outro, e não há por que se preocupar tanto com isso.

Por isso é tão importante contagiar com paixão e, na medida do possível, tirá-los com prudência e bom senso do ciclo das telas e do mundo virtual. Nesse sentido, o excesso contribui para aumentar o estado de apatia e a falta de vontade, próprios dessa fase. Incentivar os desafios, propor projetos, oferecer atividades de que eles gostem – como música ou algum esporte – e, sobretudo, educar pelo exemplo são pontos-chaves para equilibrar esse traço característico. Boa sorte na tarefa!

4. O que fazer com um filho de 18 anos que não sabe o que quer da vida?

O momento de transição da adolescência para o mundo adulto é fundamental para o crescimento. Se seu filho não sabe o que fazer, ajude diminuindo a exigência, permitindo que ele se anime a começar pelo menos algum curso. E, se ainda não tiver uma carreira definida, que trabalhe. O maior medo dos jovens é fracassar. Atenção com a possibilidade de um ano sabático, pois isso pode ser complicado. Depois de passar a vida toda com uma rotina estruturada, a ausência total de rotina costuma ser difícil de administrar, e muitas vezes acaba se estendendo além do esperado.

Também abri um espaço de consulta nas minhas redes para saber o que os filhos se perguntam sobre a adolescência. Nesta última parte do livro, vou falar com eles, com a intenção de que o tom seja uma ferramenta para ajudar você a fortalecer o vínculo, acompanhá-los e tentar incorporar tudo o que trabalhamos até aqui. Lembre-se: são chihuahuas disfarçados de *rottweilers*.

1. Por que quero estar mais tempo sozinha no meu quarto?

Adorei a sua pergunta e quero dizer que é absolutamente normal e saudável querer passar bastante tempo no seu quarto. Você precisa do seu espaço de intimidade, longe dos adultos. Precisa da porta fechada para não sentir que estão invadindo seu lugar. E, nos últimos tempos, infelizmente (e esse "infelizmente" eu adoraria conversar e debater com você e com todos os adolescentes da sua idade), o jogo da adolescência tem sido disputado num campo fechado.

Antes, achávamos que, se você estivesse em seu quarto, estaria segura. Não sei se você assistiu à série *Adolescência*, mas ali temos um exemplo literalmente trágico de que estar no quarto não é sinônimo de que está tudo bem. Eu lhe proponho um acordo: fique no seu quarto o tempo que você precisar e quiser, mas sem deixar de fazer o que precisa ser feito. Sem deixar de ver seus amigos e amigas, não na tela, mas no outro mundo real (porque o mundo virtual também é real, mas não é o único). Peço que compartilhe alguns momentos com a sua família, que você deixe os dispositivos nesses momentos, como durante o jantar, e que peça à sua família que faça o mesmo, porque não adianta só você largar o telefone. E, por favor, se algo complicado acontecer nessa interação de telas, com pessoas conhecidas ou desconhecidas, peça ajuda.

Peço a você que não sofra em silêncio (é uma forma muito difícil de sofrer), que confie na sua família e, se não conseguir porque o vínculo não é dos melhores, fale com algum adulto: um professor, alguém da família dos seus amigos, mas não sofra em silêncio. Seu quarto é uma zona de conforto – e eu entendo –, mas lá fora tem gente que ama e cuida de você. E você ainda precisa ser cuidada por alguém, porque, como eu sempre digo, você sabe que a roupa de adulto ainda não serve, e a de criança deixou de caber faz tempo.

Um abraço bem forte!

2. Por que meus pais são tão insuportáveis?

Quero que saiba que entendo você. Quando eu tinha a sua idade, imagino que uns 15 ou 16 anos, também não aguentava muito meu pai e minha mãe.

Meu pai gritava comigo porque eu usava muito o telefone. Na minha casa tinha telefone fixo, de linha, um no andar de cima e outro no de baixo, e eu passava horas falando. E ele ficava muito bravo. Minha mãe me dava conselhos que eu não pedia e eu achava bem chato.

Os pais fazem discursos longos que vocês não pedem. Mas fazemos isso para ficar tranquilos de que deixamos tudo claro. Crescer é sair do "mundo de dentro" e começar a se abrir para o "mundo de fora". E, na adolescência, os pais passam de ser grandes ídolos a se tornar uns chatos. É assim que funciona, mas há coisas que podem melhorar. Diga ao seu pai e à sua mãe o que incomoda você, o que eles podem mudar para melhorar. Escute o que eles têm a dizer, porque pode ser que você esteja mesmo um pouco no modo "reclamação" ou no modo "preguiça", e isso esteja dificultando um pouco as coisas para eles. Nem tão adolescente você, nem tão pai ou mãe eles. Vamos ver se vocês conseguem se encontrar e aproveitar juntos, porque é disso que se trata: curtir o caminho juntos. Porque, no fim das contas, você os ama, e sabe que eles também amam você. Certo?

3. Por que eu não sei o que quero fazer da vida?

Porque você está descobrindo um mundo totalmente novo. Está explorando, experimentando, tentando entender o que combina com você e o que não.

O que eu lhe peço é que, nesse caminho, você não corra riscos que depois não consiga reverter. Você vai errar nas relações, talvez alguém o decepcione, talvez você decepcione alguém. A vida também tem sofrimento, sabe? E não se preocupe por ainda não saber o que quer. Há um poeta que diz: "Caminhante, não há caminho, o caminho se faz ao andar."

Você vai descobrir aos poucos do que se trata esse processo de crescer. Aproveite o caminho! Espero que consiga fazer isso.

Um grande abraço.

4. Por que me sinto tão sozinha?

Primeiro, quero dizer que lamento que você esteja se sentindo assim.

A solidão, quando estamos tristes, precisa ser cuidada com muita atenção. O que lhe peço é que não sofra em silêncio, porque essa é uma forma muito complicada de sofrer. Muitas vezes – e talvez seja o seu caso – você sente que os adultos não a entendem. E, posso lhe garantir, eles também não sabem como se aproximar. Os adultos dizem: "Não sei como chegar perto da minha filha; ela se fechou completamente.". E aí se cria um nó bem difícil de desfazer.

Sugiro que você fale com alguém em quem confia, pode ser que essa pessoa nem seja da sua família. Pode ser alguém da escola, a mãe de uma amiga, e lhe conte como você se sente. Às vezes, um adulto de fora pode ajudar e ser o trampolim para transformar essa sensação de solidão em outra coisa.

Se o diálogo com seus pais é tão difícil, você pode procurar ajuda profissional. Volto a dizer: não sofra em silêncio, é uma maneira muito complicada de sofrer. Um abraço bem forte!

5. Por que o futuro me assusta tanto?

É natural que olhar para o futuro dê medo. O que você já conhece dá segurança, e o novo assusta. Nas palestras pergunto aos adolescentes do que eles mais têm medo e as respostas são duas: medo de fracassar e medo de decepcionar os pais.

Provavelmente, você sinta algo parecido. E eu quero lhe dizer uma coisa: fracassar é não tentar. Os adultos cometem um erro ao colocar esse peso todo nas costas de vocês, como se tivessem que ser os melhores. E isso se torna um problema para vocês.

Um grande trovador espanhol chamado Joan Manuel Serrat diz em uma de suas músicas: "Transmitimos nossas frustrações no leite morno e em cada canção." Precisamos repensar como mostramos o futuro para vocês, porque não estamos fazendo isso bem. E sobre decepcionar os pais, quero dizer o que sempre repito: você não veio ao mundo para fazer sua família feliz, veio para tentar ser feliz por você mesmo. Tomara que essas palavras ajudem a diminuir, mesmo que só um pouquinho, seu medo.

Minha última carta, com todo o amor

Se tiver filhos adolescentes, quero convidar você a pegar uma foto sua de quando tinha a idade deles. Se tiver mais de 50 anos, como eu, vai precisar procurar no álbum de fotos. Se tiver menos de 40, estará no HD do computador. Coloque ao lado uma foto do seu filho ou da sua filha.

O que o seu "eu" adolescente diria para essa mulher ou homem que você se tornou? O que ele ou ela diria ao seu filho? Do que você se arrepende?

Quais sonhos ficaram sem realizar? O que, da sua história, enche você de orgulho? E de raiva?

Abrace a sua foto, a pessoa que você foi. Agora, de olhos fechados, lembre quando seu filho era um bebê. Você lhe dava calma, e ele olhava para você com amor... Agradecia por você cuidar dele, por dar a vida, pelo amor. E você sentia transbordar de felicidade. E ria a gargalhadas. E o seu bebê ria com você. E você chorava de tanta emoção. O milagre da vida.

Agora se concentre na foto de hoje. Procure, nesses olhos, aquele bebê...

E, nos seus, o adolescente que você foi. São a mesma pessoa, apenas alguns anos depois. Você e seu filho, seu filho e você. Ele ainda precisa de você... de um jeito diferente. Antes, precisava de você para dar os primeiros passos, de pé, com medo. Você e ele. Agora, para crescer, os dois também estão com medo. Antes, precisava de você para dizer a ele que vai ficar tudo bem, com calma, com a voz suave. "Nana, nenê..."

Agora, ele precisa que você o veja crescer. E voar. Voe baixo, que no baixo está a verdade. Ele se parece tanto com você que às vezes dói olhar (diz o trovador). Se parece, e está crescendo, cresce, cresce... E olha para você de lado, para que, como quando não levantava um metro do chão, você lhe diga que ele vai conseguir. Ele busca a felicidade. E o seu orgulho. Vai com o que tem, e ama você, mesmo que às vezes disfarce. E você a ele, mesmo quando se irrita e se sente impotente. Abrace sua foto e a do seu filho e aproveite.

Olhe nos olhos dele, olhe nos seus. Essa é a história de um amor. Do amor mais puro e mais complexo: o amor de pais, o amor de filhos. Voe baixo, nunca se esqueça de sonhar, de abraçar suas paixões. Que ninguém o machuque. E cuide de quem cuida de você, porque a vida é linda, complexa e bela, bela e complexa.

Referências bibliográficas

Aberastury, A., La adolescencia normal. Un enfoque psicoanalítico, cap. 2, Ed. Paidós, Buenos Aires, 1987.

Breyer, J. y Winters, K, *Adolescent brain development: Implications for drug use prevention,* Center for Substance Abuse Research, Department of Psychiatry, University of Minnesota, 2005.

Broche Pérez, Y., "Modelo de desbalance del desarrollo cerebral: nuevo enfoque teórico en la comprensión de conductas de riesgo en la adolescencia", *Revista Cubana de Neurología y Neurocirugía.* [Internet] S38-S40, 2015.

Brown, S. A., & Tapert, S. F., "Adolescent brain development and the risk for alcohol and other drug problems", *Neuropsychology Review,* 34(2), 233-247, 2024.

Carrillo-Sierra, SM; Quintero-Sánchez, CA, *Neurodesarrollo adolescente. Perspectiva en la educación actual,* Ediciones Universidad Simón Bolívar, Caracas, 2020.

Casey, B. J., & Jones, R. M., "Neurobiology of the adolescent brain and behavior: Implications for substance use disorders", *Journal of the American Academy of Child & Adolescent Psychiatry,* 62(1), 31-45, 2023.

Chambers, R. A., Taylor, J. R., & Potenza, M. N., "Developmental neurocircuitry of motivation in adolescence: A critical period of addiction vulnerability", *American Journal of Psychiatry,* 178(2), 165-178, 2021.

Compton M., "Marijuana and mental health", *American Psychiatric Association Publishing,* 2016.

De Caro, D., *El estudio del cerebro adolescente: contribuciones para la psicología del desarrollo.* V Congreso Internacional de Investigación y Práctica Profesional en Psicología, XX Jornadas de Investigación, Noveno Encuentro de Investigadores en Psicología del Mercosur. Facultad de Psicología, Universidad de Buenos Aires, Buenos Aires, 2013.

Garcés-Vieira MV y Suárez-Escudero JC, *Neuroplasticidad: aspectos bioquímicos y neurofisiológicos.* Rev CES Med 2014; 28(1):

119-132.

Guerrero, R., *El cerebro infantil y adolescente. Claves y secretos de la Neuroeducación*, Editorial Planeta, Madrid, 2021.

Hellinger, B., *Los órdenes del amor*, Ed. Herder, Barcelona, 1991.

Hurd, Y. L., Manzoni, O. J., Pletnikov, M. V., Lee, F. S., Bhattacharyya, S., & Melis, M., *"Cannabis and the developing brain: Insights into its long-lasting effects"*, Journal of Neuroscience, 43(1), 15-26, 2023.

Jensen, F. y Nutt, A, *El cerebro adolescente, Guía de una madre neurocientífica para educar adolescentes*, RBA Libros, Barcelona, 2015.

Johnston, L. D., Miech, R. A., O'Malley, P. M., Bachman, J. G., Schulenberg, J. E., & Patrick, M. E., *Monitoring the future national survey results on drug use: 1975-2023*, Institute for Social Research, The University of Michigan, 2024.

Lubman, D. I., Cheetham, A., & Yücel, M., *"Cannabis and adolescent brain development"*, Pharmacology & Therapeutics, 186, 64-75, 2023.

Manzini, F. y Bender, C., *Daño cerebral provocado por alcohol: una revisión de estudios en seres humanos y en animales de experimentación*, Agencia Córdoba Ciencia, 2007

Oliva Delgado, A., *Desarrollo cerebral y asunción de riesgos durante la adolescencia*. Apuntes de Psicología, 2007, Vol. 25, número 3, págs. 239-254.

Organización Mundial de la Salud, *Informe mundial sobre drogas y salud mental en adolescentes*. OMS Press, 2024.

Pacher, P., Bátkai, S., & Kunos, G.,*"The Endocannabinoid System as an Emerging Target of Pharmacotherapy"*, Pharmacological Reviews, 58(3), 389-462, 2006.

Penna, M., Enriquecer los vínculos, *Límites claros y firmes*, Buenos Aires, 2019.

Raspall, L., *Desafíos de la adolescencia. 40 posteos para una crianza positiva*, Homo Sapiens Ediciones, Rosario, 2024.

Rosenberg, M., *Comunicación no violenta: el lenguaje de la compasión*, Gran Aldea Editores, Buenos Aires, 1999.

Ruiz de Romocurcio, C., *La singularidad del cerebro adolescente.*

Enfoque desde la neurociencia para el aprendizaje, Editorial UPC, Lima, 2023.

Satir, V., Peoplemaking. *El arte de crear una familia,* Ed. Integral, México, 2006.

Schujman, A., *No huyo, solo vuelo, el arte de soltar a los hijos,* Hojas del Sur, Buenos Aires, 2020.

Siegel, D., *Tormenta cerebral. El poder y el propósito del cerebro adolescente,* Alba Editorial, Barcelona, 2013.

Spear L., *"The adolescent brain and the college drinker: biological basis of propensity to use and misuse alcohol"*, Journal of Studies on Alcohol, Supplement; (s14):71-81, 2002.

Spear, L. P., *"Effects of adolescent alcohol consumption on the brain and behavior"*, Nature Reviews Neuroscience, 23(6), 329-343, 2022.

Squeglia, L. M., & Gray, K. M., *"Alcohol and drug use and the developing brain"*, Current Psychiatry Reports, 24(5), 271-280, 2022.

Steinberg, L., *"Adolescent development and juvenile justice"*, Annual Review of Clinical Psychology, 2010;5: 459–85.

Van der Vorst, H., Engels, R. y Burk, W. *"Do parents and best friends influence the normative increase in adolescents' alcohol use at home and outside the home?"*, Journal of Studies on Alcohol and Drugs, Jan; 71(1):105-14, 2010.

Vásquez, B y del Sol, M., *"Rol de la neuroglia en el trastorno del espectro autista"*, International Journal of Morphology, 39(3), 920-927, 2021.

Vidal Miranda, A., *"Neurobiología de las adicciones: más allá del circuito de recompensa"*, Revista de Psiquiatría y Salud Mental Hermilio Valdizan. Vol VII, N° 2 Julio-diciembre 2006, pp 73-80.

Volkow, N. D., & Morales, M., *"The brain on drugs: From reward to addiction"*, Cell, 185(4), 611-631, 2023.

Índice